U0107332

洪婷生 摄

章太炎讲述系列

章太炎
谈教育与求学

张九思——编

上海人民出版社

目 录

导　言

　　如果从弟子的成就看，章太炎可称近代了不起的教育家。除了广为人知的鲁迅、周作人兄弟，其门下济济多士，早年如钱玄同、黄侃、许寿裳、朱希祖、汪东、马裕藻、沈兼士、刘文典，晚年如王仲荦、姜亮夫、沈延国、潘景郑、徐复、姚奠中、汤炳正、朱季海，都是学有所长的大学者，在近现代学术史上无不占有一席之地。章太炎自述"余讲学以来，几四十年，及门著籍，未易偻指"，朱希祖也说"章师弟子甚多，几累百盈千"，而据朱乐川《章门弟子录》的搜集考证，一般听讲不计，执挚为章氏弟子、学有所成者即达 128 人。今天海峡两岸高等学府及研究机构人文学科的研究人员，上溯其学统，有很多可以追至章太炎；换句话说，章门后学代不乏人，影响至今。这，也是章太炎留给现在学术界的巨大功绩。

　　1936 年章太炎逝世后，各界致悼念之情，挽联中表彰其一生功业，多有称道其讲学生涯者，如"凡著书廿种，讲学卅年，期欲拥护民彝，发扬种姓"（钱玄同）、"一代通儒尊绛帐"（朱希祖）、"一木难支，烈士暮年唯讲学"（欧阳竟无）、"讲经国学会，薪传未替，已闻纱幔继宣文"（戴正诚）、"一时贤士皆从其游"（景耀月）、"精庐都讲尤慤，救国在通经，当使薪尽火传有达者"（陈陶遗）、"昌言光莉汉，空留讲席在吴门"（潘重规），等等。而汪东所撰《余杭章先生墓志铭》，更将太炎晚年讲学吴门比作"子夏居（卫）［魏］，西河于以向学；仲尼反鲁，雅颂繇是得所"。盖棺论定，世所公认。

　　章太炎从事讲学活动，从 20 世纪之初即已开始。1901 年，经吴君遂介绍，章太炎在苏州东吴大学任教，"时以种族大义训迪诸生"。1903 年，蔡元培等在上海创办爱国学社，招章太炎前往任教，章太炎担任三、四年级国文教员，"多述明清兴废之事，意不在**学**也"。可以看出，章太炎"讲学"伊始，重点并不在教育，不在谈求学，而是借"教员"这一身份、借学堂这一"机构"向年轻学子宣传"反满"革命。——当然，爱国学社创办之初本来即具有革命性质，而从后来章太炎主张教育分"求是"与"致用"两点来看，在晚清，他在讲学中重点昌发革命精神，也未始不属于在特定时代、世局之下讲求教育"致用"功能的一种方式。蔡元培说："上海之革命团体，名中国教育会，革命精神所在，无论其为男为女，均应提倡，而以教育为根本。"章士钊、陶亚魂、柳亚子等均为爱国学社学生；也正是在爱国学社中，章太炎结识了张继、邹容，加上章士钊一起结拜为异姓兄弟。在教育活动中，章太炎团结、教授了一批反清的"民族主义"革命者，这是他以讲学昌言民族大义之开始——而这一点，其实也贯穿了章太炎整个讲学生涯。

　　1906 年，章太炎出狱，东渡日本，在主笔《民报》之外，为东京留学生成立的"国学讲习会"担任主讲，"预科讲文法、作文、历史，本科讲文史、学制、度学、宋明理学、内典学"（宋教仁《我之历史》）。这样的科目设置，是当时留学生的共同要求，而非章太炎一人所定，所以各科目也并非皆由章太炎一人讲授。至后来，无论是在帝国教育会及大成中学，还是在民报社章氏寓所，章太炎所讲内容大体不出经子音韵训诂等所谓"国学"的范畴，但讲学之起因，基本出自留学生或入室弟子所"请"。比如著名的为鲁迅、周作人等八人的"小班"讲授音韵学及《说文解字》，即是鲁迅等人托龚宝铨说项，请章太炎另开的一班（参周振鹤先生《鲁迅听章太炎课事征实》一文，载《东方早报·上海书评》2014年9月7日）。这一时期，章太炎的很多著作，也就是在为留学生讲学的过程中整理成文的。

在东京时，章太炎还主办了《教育今语杂志》。该杂志虽然是反清革命团体光复会的"通讯机关"，而其宗旨，则在"保存国故，振兴学艺，提倡平民普及教育"，以教育作为"光复"的必要手段。具体编辑事务多由钱玄同负责，在上面刊载了章太炎多篇演讲，其中多与教育相关，如《常识与教育》《论教育的根本要从自国自心发出来》《留学的目的和方法》诸文，最开始就是发表在这个刊物上（《教育今语杂志》上所载六篇演讲，1920年还曾以《太炎教育谈》为名在四川出版）。

辛亥革命以前，是为章太炎讲学的第一阶段。此一时期的讲学，是其以"文"为手段的革命（借用林少阳教授之说，见其《鼎革以文——清季革命与章太炎"复古"的新文化运动》，上海人民出版社2019年版）之有机组成部分，教授青年学子"国学"的同时，往往也蕴含着"种族革命""文化意识"的要求——毋宁说，讲授"国学"，正是为了汉族学子兴发民族文化意识，进而从事"反满"革命。

民国成立，章太炎投身于政治实践之中，组织政党，担任东三省筹边使，反对袁世凯，维护中华民国临时约法，帮助孙中山联络西南军阀，如此等等，章太炎奔走南北，不断发声，一直持续到北伐成功后作为"反动学阀"被国民党当局通缉，不得不蛰居沪上。在此期间，政治活动是章太炎一切行事的中心，他基本无暇从事相对集中的讲学活动。但是，此间章太炎也并非全然与教育活动无关。特别值得提出的有三点：其一，是1913年12月章太炎在北京为袁世凯变相软禁期间进行的讲学活动，不过只讲了不到一个月的时间，且是"以讲学自娱"，目的在于免遭袁世凯疑忌；也就说，这次讲学，是章太炎在行动不得自由处境下的无奈之举，主要不是为了教育，"聊以解忧"而已。其二，章太炎《自定年谱》记载生平截至1922年，是年，则为其后半生逐渐"远离""政治"，以"讲学"为重心之开端。4—6月，章太炎应江苏省教育会邀请，在上海公开演讲十天（曹聚仁记录整理，是为有名的《国学概论》）。此后，章太炎的"政治""活动"日少，从事教育的"讲学"渐多。虽然到被通缉之前，章太炎也并没有远离政治，但更多的是以发表"政治宣言"为主，而较少直接介入政治活动之中。而在此以外，章太炎与教育相关之演讲，多为在政治活动中顺带进行，"政治"第一，"讲学"第二。其三，章太炎还担任过上海国民大学的校长，此点下文再作详细说明。

　　"九一八""一·二八"事变之后，"抗战"风起云涌，则为章太炎从事讲学之第三阶段。面对存亡危机，章太炎先是北上劝各大员抗日，见事无可为，即从在燕京大学讲演"论今日切要之学"开始，为保存国脉，系国之兴亡而投身于讲学活动之中。此后，他先是往来于苏州、无锡、上海等地，常常是马不停蹄地连讲多日。至1934年最终定居苏州，创办章氏国学讲习会，以讲学终身焉。章氏国学讲习会之宗旨，在"研究固有文化，造就国学人才"，所讲授的内容，包括小学略说、经学略说、史学略说、诸子略说、文学略说、《说文》《音学五书》《诗经》《书经》《通鉴纪事本末》《荀子》《韩非子》《经传释词》《尔雅》、三礼、《老子》《庄子》《易经》《春秋》《墨子》《吕氏春秋》《文心雕龙》等。以弟子朱希祖、汪东等为讲师，分任各门；章太炎则自任主讲，先讲《左传》，次讲《尚书》，后又增讲《说文》部首。章太炎晚年弟子汤炳正，后来回忆其师讲学的场景：

> 先师演讲，每星期三次，每次二小时。届时辄先挟书赴休息室相候，虽风雨，弗阻也。下课时间未到，虽稍倦，不肯早退也。照例每讲一小时，休息十分钟。但休息铃已响而先生犹口讲指画，置若罔闻，故每讲辄二小时，中间绝不休息。在一月前，同学惧其体力不支，铃声甫动，辄纷纷离座。先师无法，只暂停片时，惟时间未到，则又高声讲起，同学等又只得返座听受矣。本月四日（星期四），病略重，终日未进粒米，师母章夫人谓之曰："今日应休息，不必讲演。"先师笑曰："饭可不食，书岂可不讲。此时不讲，更待何时耶？"遂登台讲演如故。九日（星期二）先师又力疾挟书赴讲堂，经其挚友李印泉先生竭力拦阻，始罢。自开讲以来，此乃第一次请假，距其逝世，才一周之久耳。

为保存华夏文化诲人不倦如此，令人感佩无已。

一般以为，章太炎对于新式学校教育多有不满，因而他所从事的教育活动，都属于"私家讲学"性质。这种看法，尤其在传言蔡元培欲请章太炎至北大任教、清华国学院几次欲礼聘章太炎为"导师"而均为其所拒这些"故事"中为人所津津乐道。诚然，章太炎的教育生涯，以"私家讲学"为主，几次"国学讲习会"，都是私人发起，私人组织。但是，章太炎也并非完全"绝缘"于新式学校或者新式教育体制，姑不论早期在教会创办的东吴大学担任教职，后来章太炎应邀所进行的演讲，很多都是在燕京大学、岭南大学等近代知名学府或者江苏教育会这样的近代教育团体；而1925—1926年，章太炎更曾担任私立上海国民大学校长达一年多之久，并亲自在国学系授课，表明他也曾尝试在新式学校中实践其教育理念。1932 年，他在苏州中学的演讲《经义与治事》中曾说："以前的学校叫做书院，其实相当于现在的图书馆。书院中预备了许多图籍，使得学生可以自由阅览。再聘请一位掌院或是山长，常驻院中，遇有疑难，可以请问。这种情形，学生有自得之乐，教师无讲演之劳，在事实上很是合理。假如这一项学问，书虽少而理却深，非经教师讲解，不能明了，这便须采用现在学校的讲授制，师生聚集在一处地方，按照次序讲授去了。所以，我以为学校和图书馆，两者不可偏废。讲求学问的方法，大约不出于这两种。"可见他对于新式学校的讲授制并不完全排斥，而且以为有其存在的合理性。而本质言之，在章太炎看来，"学校本中国旧制，特清时校官失职，绝无讲授，人遂以学校为新法耳"，新式学校本应是旧时官学教育体制颓坏下的有效补充，或者是新时代替官学进行讲授学问的教育机构，对于科学等学科非教师讲解不能习得者，理应在学校中讲授——甚至如小学，如经学，学校中也能够进行传授。

但总体来看，章太炎对新式学校的态度，终究是批评、否定大于赞成，还是倾向于以一种私家讲学的方式，进行他"理想"中的教育。他创办章氏国学讲习会，与近代新式学校的区别，窃以为主要不在于公立还是私立（新式大学、中学中很多都是私立大学，比如早期的复旦大学、南开大学）、组织架构之类"体制"上的区别，而在于讲授模式、师生关系及其所塑造、形成的学风。比如章太炎批评"今者政府设学教士而征学费，则是设肆于国中，而以市道施于来学之士也。学生为买主，而官校为商场"，但章氏国学讲习会也未尝不收取学费，"听讲费分三种缴纳：甲，付清半年者二十元；乙，付清一年者三十六元；丙，付清二年者六十四元。宿费每月一元，杂费仆费一元"，如孔子所谓"自行束脩以上，吾未尝无诲焉"。这里面的区别在于，新式学校的师生之间，构成了某种买卖关系，在章太炎看来，这是从张之洞在湖北设学校优待学生之后所逐渐形成的恶劣风气。由此，学生不专心求学读书，对于学校事务一有不满即大闹校园，以学生会名义干预学校行政事务，甚至要求罢免教师、校长——章太炎之从上海国民大学校长任上辞职，即因不堪忍受此种学风。"乃近世教育，不痛不痒，志趣消磨，竟成为吃鸦片式之教育矣。"（《在金陵教育改进社演讲劝治史学并论史学利弊》）章太炎的国学讲习会，则要求学生认真听讲，进行记录，彼此勘正，行为不检或成绩低下者将予以开除，努力造就一种真正向学的风气。同时，章太炎的私家讲学，也试图重建或者说坚守传统的师弟之道，早年在东京讲学的学生，对章太炎执弟子之礼，哪怕已成为著名大学的著名教授，在学术上或许已与乃师不同，但对乃师之尊敬丝毫不衰。1932 年章太炎在北京讲学之时，在京弟子多次聚会宴请乃师；章太炎登台演讲，弟子常侍立在旁，如在北大演讲时，竟至刘半农做翻译，钱玄同写板书。至于晚年弟子，更是对章太炎执礼甚恭，终身服膺。在章太炎去世之后，编印先师遗文，甚至到晚年参与整理《章太炎全集》。这样的师生之情，决不是当时一般新式学校所能产生的。

在讲授内容方面，章太炎尤其批评了新式学校之不能讲授史学（20 世纪二三十年代之际，章太炎以为，当时最迫切最要紧的是史学），一方面，史学典籍卷帙繁多，且"运用之妙在乎读者各自心领神会"，本即不适宜学校教授；另一方面，当时的倾向，除泛泛讲讲"史学概论"，"弟子既未读经史，闻讲概论，亦如老妪听讲《法华经》

耳"（《与钱玄同》），而且，在章太炎看来，还有"取文舍事，详上古而略近代，详域外而略内政，详文化而略政治，以及疑古太甚之五弊"；而学风之蹈空凌虚，不能踏实以求是，进而使得学子志趣低下，亦与此有关。欲使学校更新，真正起到教育的作用，"先宜改制，且择其学风最劣者悉予罢遣，闭门五年然后启，冀旧染污俗悉已涤除，于是后来者始可教也"（《救学弊论》）。

由对新式学校的批评，可以引出章太炎对于教育之根本问题、核心问题的看法："究其实际，则所谓教者，每多不能保存国性，发扬志趣，兹二者教育之根本。"（《在金陵教育改进社演讲劝治史学并论史学利弊》）汤炳正在回忆文章中也称，"先师讲学，不尚空谈，以研讨小学籀读经史为基础，而以改善人格、发扬民族为归宿"，章太炎的自述与弟子的追忆，正相符合。但他们所提到的这两点，"保存国性""发扬民族"，实即"用国粹激动种姓，增进爱国的热肠"，即保存华夏固有之文化，激发民族主义思想以维持中国于不坠，是贯穿章太炎一生讲学之中的，但早年多讲诸子学、小学，晚年多讲经史之学，前后还是有所差异；而"发扬志趣""改善人格"，虽与早年提出的"用宗教发起信心，增进国民的道德"有些相似，但重在养成独立个体之完整的"人格"，这却是章太炎晚年或者说后半生讲学所强调的。也就是说，虽然表面看起来，章太炎一生讲学，不出"国学"的范围，但侧重点或者说宗旨，是有着细微差别的。对这种不同，晚年的章太炎有过反思：

> 余往昔在北京、日本等处，亦曾讲学，所讲与今日学校中讲授者无殊，但较为精细而已。今昔时代不同，今日之讲学，不如往昔矣。第一只须教人不将旧道德尽废，若欲学者冥心独往，过

求高深，则尚非其时，故余今日之讲学，与往昔稍异其趣。惟讲学贵有宗旨，教人不将旧道德尽废者，亦即教人如何为人之宗旨而已。(《讲学大旨与孝经要义》，1933 年)

又如:

> 夫国于天地，必有与立，所不与他国同者，历史也，语言文字也。二者国之特性，不可失坠者也。昔余讲学，未斤斤及此，今则外患孔亟，非专力于此不可。(《自述治学之功夫及志向》，1933 年 4 月 18 日)

这里特别提请读者注意，章太炎讲学侧重点的这种不同，是时代逼迫出来的，"今日讲学，当择其切于时世可以补偏救弊者而提倡之，所谓急先务也"(《适宜今日之理学》，1933 年 10 月 22 日)，他是要通过讲学活动，对时代痛下针砭，意图对解决现实问题有所帮助。章太炎一生文字，大多是在特定时势之下的有为之言，往往有具体的针对对象，或者根据变化的社会政治情况而调整其说法，因此，前后矛盾或不一致之处所在多有，那么就不能执定某一篇文章或摘录他一些文字中的说法来"论断"其某一方面整体的思想，而要注意他撰文的背景，注意他前后的变化，这是我们阅读、理解章太炎之时需要始终注意的。另外，还需要说明的是，章太炎并不是通常意义上所谓教育理论家，并没有一套完整的教育理论体系、教育方法，因此，本文也并不是要勾勒或者建构出一套章太炎的教育思想，只是就其在教育实践中比较重视的教育理念略作提示。

回到上文提及的"发扬志趣""改善人格"即"教人如何为人"这一讲学宗旨。教育的目的，并不仅仅止于启发智慧、传授知识、开发技能、求其有用而已，更为重要的是，要引导学生树立坚定而高远的志向，养成独立的人格，培育高尚的道德情操。传统的"成人"之道才是教育的核心，也是章太炎以为的当务之急。在长沙雅礼大学的演讲中，章太炎特别表彰了当时的教会大学能够重视学生的心性修养："教会学校授人以高深学术之外，又使学生加以性灵之修养，二者相辅而行，其所造就之人才，或较他校转胜。今日教会学校以外之公私立学校，只知授学生以知识，而于做人一道，却少注意。学生缺乏道德修养，心灵锻炼，甚至只趋利禄之途，于气节德操少有顾及，安能望其成大材、肩大事？今日所需者不仅为学识，而尤需要在坚强不拔之德操。青年学子，能使高深之学识与坚定之德操相辅并行，则将来所成功者乃不可限量。"广博深厚的知识当然不可或缺，但在此之前，先要以成为一个整全的"人"为基础。这一任务虽然不能由学校完全承担，但"学校为建立少年完全人格之所，宜重在纯美学风之养成"，应该对学生有引导之责，学校可以通过学风建设对学生的人格养成有所熏陶。而"善教者使智识与志趣相均，故不亟以增其智识为务，中土诸书皆是也"（《救学弊论》），对于好的教育来说，增长知识是居于第二位的；而在中国传统学问之中，恰恰注重读书人之成就自己，即使做不成君子，也要顶天立地做个人。陆九渊说，"不识一个字，亦须还我堂堂地做个人"，即是此意。

　　"教人如何为人"，还是针对当时学校之弊端，而为章太炎所特别揭橥的"教之"之道，至"如何为人"，其实更强调求学者个体的自我树立。"青年为人，当以志向气节为先，学问为辅。"（《在长沙明德中学的演讲》）"士先志，不足以启其志者，勿教焉可也。尊其所闻则高明，行其所知则光大，不足以致高明光大者，勿学焉可也。"（《救学弊论》）这里所谓"志"，其涵义大于我们现在一般意义上所讲的志愿、志向。"志者，心之所之也。"举凡心之所向、意之所往，皆属于志，即可以包含志向、志气、意志、抱负、决心之类，实际上是一个人一切行为的主宰，即孟子所谓"夫志，气之帅也"。每个人的"志"当然可以有所不同，或志于求圣贤、天地之道，或志于平治天下，或志于优游岁月，内外、大小皆无不可，但要立"正志"，不能有"邪志"。章太炎称，"有宗旨而无学识尚不失为正士，有学识而无宗旨，如严又陵、辜鸿铭辈，至于附和帝制，身败名裂，岂非大惑不解！"(《在广州岭南大学之演讲》)"志"一旦偏离正道，不仅无益，而且有害。这跟司马光说的哪怕做不到"有德有才"，那么"有德无才"的普通人也远胜于"无德有才"的小人，意思是一样的。

"立志"以外，章太炎教育学子应当自作主宰，发挥自己的良知良能，独立思考，不随波逐流，不被动地一味听从他人的意见。即使是古人所说所讲，如果不能自己有真切的思考和体贴，也是不足为训的：

> 学问须有自己意思，专法古人，专法外人，而自己无独立之精神，大为不可。……以言德育，须从自己良心上认定是非，不可以众人之是非为从违。(《在江苏省教育会附属小学教员暑期补习学校之演说》)

> 学者多法古人，法外人，无独立之精神，乏统系之学问。推其原，非由读书太多，为所束缚，不克自振拔故耶！今言道德，当自吾心发出者为真。吾之良心，既认为是或为非，则社会上所认为是或为非者，可不顾虑。须知欺世盗名，固不道德，而专效法他人，亦非道德。阳明所谓见贤思齐，即为伪道德者是也。以言智慧，亦为发自自己之心，取他人之知以为知，效他人之能以

为能，必非真智慧。盖理具吾心，心外无理，岂必见贤而后思齐，法人而后为知哉！（《在江苏省教育会上之演说》。按，此与上文为同一场演讲的不同记录，详略表述略有不同。）

"独立之精神"一方面意味着树立学子自我的主体性，是"我"而不是书本、不是古人外人指导自己的学问与行为，这里面也蕴含着自我人格的挺立。近代帝制崩解之后，进入"民主""共和"社会，人人平等，"个体"即应摆脱一切外在束缚，成为自己一切事务的主宰，求学自不例外。另一方面，在近代面对东西洋思想、学术之侵袭，"独立之精神"也是要树立本国学术之主体性，中国学问自有其价值，并不比西方、日本为低，别人的诋毁并做不得数；而且，中国学说到底好在哪里，也并不是外国人说好、说有价值就是对的，而要中国人以自己的立场、自己的价值去做判断。毁誉高下，贵其在我。

这种独立的精神，同时也意味着，除了学校或课堂讲授之外，还要特别注意求学者个体的自我学习，自己读书研究学问。如前所述，章太炎对新式学校多有不满，但在当时，却也很难让学生完全脱离近代学校体制去学习，像章氏国学讲习会、无锡国专这类偏于传统书院式讲学的教育机构毕竟是少数，对于当时的青年学子，也大多不如新式学校有吸引力。章太炎应邀在各类学校中演讲时，也就特别提点、鼓励学生更多利用学校以外的时间。"现在学校课外空闲的时间很多，一年之中，星期、暑假、年假，合起来至少一百日，可自己研究学问。""晓得读书容易，能在课外自己读书，人才就有希望。"（《论求学》）甚至于，不只是学校、读书才是教育，才是求学，"所谓教育者，不仅学校，学校以外，凡是教育人才的，皆是教育"（《历史的价值》），"书籍不过是学问的一项，真求学的，还要靠书籍以外的经验；学校不过是教育的一部，真施教的，还要靠学问以外的灌输。"（《留学的目的与方法》）"学校以外，必须从各方面再去自修，方才可有进步，方才可成人才。"（《论求学》）学校教育只是整个教育中很小的一个环节、一个部分，更多的其实在于个体在各个方面不断成就自我，这甚至是要持续一生的。

至于教育与求学之道，章太炎特别提出"求是"与"致用"二者。"今日切要之学只有两条道路：（一）求是，（二）致用。求是之学不见得完全可以致用，致用之学也不必完全能够求是。合致用与求是二者冶于一炉，才是今日切要之学。"（《论今日切要之学》）"求是"，就是实事求是地探求，钻研最高深的学问，这个学问，包括一切物理、化学等科学知识，以及如西方康德之哲学等。"致用"，则侧重与实际社会政治生活有关，如政治、历史、地理等，包括中国古圣贤如孔子、王阳明之学，在章太炎看来都是"致用"之学，可以直接导向齐家、治国、平天下。这两者都有其必要与价值，能够有机结合自然最好，但实际上在多数时候是无法兼顾的，如何选择，"要在视时势之缓急，与求学者之资质而已"（《说求学》）。就其所处的时代而论，则章太炎尤其强调"致用"之学最为迫切。

在清末的时候，章太炎讲学并不特别重视"致用"，而常常强调要"求智慧"，但他的讲学问，也并不是脱离现实的单纯讲"求是"。比如他说"精深的学问，本来有两路：一路是晓得了可以有用的；一路是晓得了虽没有用，但是应该晓得的"（《常识与教育》），有用的不必提了，总是与致用有关；而没有用却该晓得的是什么样的学问呢？最基础的，是要具有本国历史文化的常识。"自然晓得本国的历史，财算常识；不晓得本国的历史，就晓得别国的历史，总是常识不备。但近来人把拿破仑、华盛顿都举得出来了，李斯、范增倒反有举不出的，这种原是最下等的人。高一点儿的呢，晓得欧洲诗人文豪的名字，却不晓得中国近二百年来，文章谁是最高；晓得欧洲古代都卷发，却不晓得中国汉朝是箸怎么样的衣冠。这还算有历史的常识么？"（《常识与教育》）中国人不了解自己的历史，简直不配做中国人了！章太炎其实是要通过求是的学问以激发学子的爱国心，或者换句话说，学子求学，应了解自己本国的学问，从本国出发，不然就失掉了教育的基本立场。像近代中国学校最初设立之时，讲授的主要是西方的一套学问，"教之语言，教之布算，教之格致，而大旨不出乎摩西基督之书。本实既拨，于彼有用，于我无益"（《论学会有大益于黄人亟宜保护》），虽有价值，但对当时的中国人来说，其实不那么重要，是次要的，主要的是"自国的人，该讲自国的学问，施自国的教育"（《论教育的根本要从自国自心发出来》），可见在章太炎那里，即使是以求是之学为主的教育，也并不是毫不关己的，而应该以本国学问为核心；这也是他在清末为中国学子树立本国文明的信心，后来要学生"立志为中华民国国民"（《在广州岭南大学之演讲》）的基本要求。

　　上文提到，章太炎后半生之讲学重点在经史之学，经学重在教以成人之道，史学重在用以救国——经学与史学又是相通的，或者说经学与史学是一体之两面（参《章太炎讲历史》导读）。"今日而讲国学，《孝经》《大学》《儒行》《丧服》，实万流之汇归也。不但坐而言，要在起而行矣。"（《国学之统宗》）经学皆当有所研习、传承，但"十三经文繁义赜，然其总持，则在《孝经》《大学》《儒行》《丧服》。《孝经》以培养天性，《大学》以综括学术，《儒行》以鼓励志行，《丧服》以辅成礼教"（《历史之重要》），归结点多在"发扬志趣"，同时也蕴含民族文化精神于其中，他在国学讲习会特别讲授《左传》《尚书》，也是同样的意味——二者既是经，也同样是史。"经术乃是为人之基本，若论运用之法，历史更为重要，处斯乱世，尤当斟酌古今，权衡轻重。"（《历史之重要》）"民族意识之凭借，端在经史。史即经之别子，无历史即不见民族意识所在。"（《论经史儒之分合》）实践政治，复兴文化，爱国保种，拯救危亡，在在都与历史相关。我们今天可能觉得历史并没有什么用，但章太炎明显不是这么看的，历史不仅有用，而且这种有用是可以直接解决现实中的重大问题的。这里仅举一段话，即可见章太炎晚年讲学特别重视历史之一端：

> 现在的青年应当知道自己是什么时候的人，现在的中国是处在什么时期，自己对国家负有什么责任。这一切在史志上面全部都可以找到明确的答覆。若是连历史也不清楚，则只觉得眼前混沌万状，人类在那里栖栖皇皇，彼此似无关系，展开地图亦不知何地系我国固有，何地系我国尚存者，何地已被异族侵占？问之茫然无以对者，比比然也，则国之前途岂不危哉！一国之历史正似一家之家谱，其中所载尽已往之事实，此事实即历史也。若一国之历史衰，可占其民族之爱国心亦必衰。盖事实为综错的，繁复的，无一定之规律的；而历史乃归纳此种种事实，分类记载，使阅者得知国家强与弱的原因，战争胜败的远因近因，民族盛衰的变迁，为人生处世所不可须史离者。历史又如棋谱然，若据棋谱以下棋，善运用之，必操胜算，若熟悉历史，据之以致用，亦无往而不利也。（《论今日切要之学》）

最后，对本书之编选原则略作说明。章太炎谈教育及求学之文章、演讲较为零碎，本书所选，只能择其与教育相关度较大之文字，而与"章太炎讲述"系列其他各册,尽量避免重复。至于顺序之编排,其实以时间、讲学之阶段为序最为简便,但前后错杂,不成统贯,看起来较为凌乱。斟酌再三,还是尽可能划分主题,分作"教育通论""论学校教育""告青年学子""求学入门"四部分。"教育通论"主要为章太炎对于教育问题的一般看法,涉及求学的目的、宗旨、方法,等等。"论学校教育"主要涉及章太炎对于新旧学校之制度、学校所应起到的作用等的看法。"告青年学子"主要是章太炎对于当时一般青年的忠告,以及对其所办"国学讲习会"学生的宣言,是章太炎对门人弟子的要求,当然这也包括了章太炎自己讲学的宗旨。"求学入门"则为章太炎应当时弟子、报刊所请,拟定的青年学生应读书范围和目录,可以看出他对于初学者所应掌握的"常识"抱有何种期待。各部分之中,所涉内容或互有重复,编者也只是尽量予以划分;对于部分篇名,编者据该文相对主要或有特殊表达的内容作了修改,如将《在湘雅礼大学之演说》改作《学校当修养学生之性灵》之类,或许可以便于读者一目了然地知道每篇的主旨。总之,本书希望对读者理解章太炎的教育主张,重新思考当下的教育问题以及青年的求学志向有所帮助和启发。编选不妥之处,敬祈读者批评。

教育通论

论求学①

（1920 年 10 月 30 日在长沙第一师范学校演说）

兄弟到湖南以后，已经在教育界讲演过两次，今天又来讲演，很有一种感触，就是当这国步艰难的时候，我们天天埋头读书，将来怎样了局？陆象山有句话："专志精微反陆沉。"这句话也有道理，宋明以来的学者，很有这种感想的人，就是觉得学和事不相关，近来的人，竟因了这个原故，为学从事，譬如去年北京大学底打章宗祥、曹汝霖等的举动，和各省学生底响应，就是这种现象，虽然也有可以取的地方，但是他底流弊，学生就因了外务不读书了。

元来学和事并不抵触，就是办事的人，有空闲的时候，还是应该求学。曾国藩在军中，不废读书，王阳明也曾在军中讲学，可见办事和学问，原不相妨的。学问有门径，得其大体，就无碍于办事，倘然琐碎的去求，就是白首穷经，也无补于事的。

关于学问大体底求法，前次曾经对着此校学生讲过一次，今日在座，是许多学校底学生，前次都不曾听讲，不妨重言以申明之。人才之中，也有所谓天才，不从学问来的，关于这种人，我们姑且不论。至于普通的人才，大概都从学问中来的。学校已经办了二十多年了，除出从陆军学校出身的几个所谓伟人英雄，几乎没有人才，这是甚么

---

① 由夏研尊记录，载《大公报》（长沙）1920 年 11 月 1 日、4 日，即《太炎学说》上卷的《论求学》。

原因呢？据我看来，现在底学校，也和从前科举一样，不能养成特别人才。古来也有许多人才，从科举出来的，但是科举究竟是产生不出人才的制度，他们所以成人才的原因，本来不在科举，他们的学问，也不只单是科举的学问，科举不过是他们底进身之路罢了。我们应该将现在底学校，也当做科举看，学校以外，必须从各方面再去自修，方才可有进步，方才可成人才。科举时代底人，大概都晓得自己底学问不足，现在学校昭底学生，差不多都有自满的态度，这就是科举还出几个人才，学校不出人才的原因。

就我所知，现在学校课外空闲的时间很多，一年之中，星期、暑假、年假，合起来至少一百日，可自己研究学问。不过中国底书籍，浩如烟海，不晓得门径的人，就要望洋兴叹，不知从那里下手，有了门径，就有方法了。

明以前，读书很难，清代以后，读书就比较容易，因为清代人，已经把学问底条理头绪都弄清楚了。譬如治经本是一件难事，明代以前，要通经是很不容易的，但是在现在，却就容易。从前的人，不通训诂，他们看了周诰、殷谟，好像读外国文一样。近来训诂大明，就是诘屈聱①牙的周诰、殷谟，也就可读了。从前的人，不明白古代底典章制度，对于古书上所说的事情，一向莫明其妙。清代以来，把古来的典章制度，已考证得很明白，读古书的时候，就可了解所以然的道理，不会得百思不得其故了。举很平常的例来说，譬如《论语》"颜渊死，颜路请子之车以为之，子曰：以吾从大夫之后，不可徒行也"一段。颜渊是孔子底得意门生，他死了孔子连牺牲一部车子也不

---

① "聱"，原作"声"，据文义改。

肯，这是很奇怪的事，但是能够晓得非如此不可的道理了。训诂和典章制度明白以后，读经也很不难，何况史书呢？史书除出《史记》《汉书》，都用不着训诂，并且史底本身上，就附着记载当时典章制度的志，不必再像治经的要去另外考证，本来是很容易读的，关键这种不明了的地方，清朝底史学家，如钱大昕、王鸣盛都有所发明。清朝人于考证上，很有许多的事业，甚至不必留心的小事，也都加以考证。譬如历代底表，史书上本来不完备的，清朝人却替他一一编制，看了一览可知，因此读书更容易了。

中国底学问，现在并不难求，上面曾经说过学校里面底闲空日子，每年有一百天，从小学至大学，以求学二十年计算，就可得二千日，差不多就是六年。《汉书·东方朔传》，说说东方朔十六岁的时候，读书二十二万言，在我们现在要读二十二万言的书，只要几年就够。自然现在我们所读的书，不像东方朔那时候的简单，但是以六年的工夫，来做学问，有甚么难处？晓得读书容易，能在课外自己读书，人才就有希望。从前科举时代的人，在科举以外所做的工夫，恐怕还没有六年，他们得了科举以后，用功的人就能渐渐地增加他底工夫，现在到大学毕业，大概还不过二十岁，□□①自由的时候正多，只要肯读书，是没有不可读的。

但是，不晓得门径，读书不但无益，还有害处。这个毛病有两种，一种是泛滥，一种是过求精密。从前的学者中，也有以博闻强记不能，泛滥群书力求博学的虚名的，但是他们底所学，究没有用。譬如此地底叶德辉，学问是很有的，但是很乱杂。还有一种学者，力求

———————

① "□□"，原汗漫不清。

长沙第一师范学校，即湖南第一师范学校，其前身为城南书院，由南宋理学名儒张栻创建。 20世纪初清政府推行新政，改书院为新式学堂。 1903年城南书院改为湖南师范馆，次年改为中路师范学堂，首任监督为清末湖南议长谭延闿。 辛亥革命后，1912年2月，该校又改名为湖南公立第一师范学校。 1914年，再改名为湖南省立第一师范学校。 该校经常聘请国内外名流来校讲演，如杜威、罗素、恽代英、章太炎、章士钊等人来校讲学，并培养了毛泽东、蔡和森、萧三、萧子升、何叔衡、李维汉等杰出的学生。 该校革命氛围浓厚，被誉为"湖南教育界的一面旗帜""湖南新文化运动的中心"和"湖南革命青年的大本营"。 图为1912年的湖南第一师范学校校舍。

胜过古人，要想发明古人所未发，这样读书，也难有成。学问底古粗于今，是当然的事，后人若过求精密，必定要犯琐碎的毛病，一琐碎就没有用。

今天所讲的：一是学与事不相抵触，二是学容易求，三是求学不要有泛滥和过于求精密的毛病，请诸位注意参酌看。

岭南大学的前身为格致书院，由美国基督教长老会于 1888 年在广州创办。1904 年（光绪三十年）改为岭南大学，先后成立文、理、农、商、工、医等学院。 1927 年 4 月教会宣布学校停办，爱国校友钱树芬等倡议接办，同年经广州政府批准，收归中国人自办，是华南最为完备的私立大学。 图为马丁堂，岭南大学最早兴建的教学建筑之一，1905 年建成，现为中山大学人类学系大楼。

求学之宗旨[①]

（1916 年 10 月）

凡人求学须有宗旨，从前求学是学做官，今日求学是学做民。学做民有二：一在学校教育，一在社会教育。二者相辅而行。中国从前多是讲学校教育，所谓社会教育者极少，惟演说革命亦是社会教育之一。革命宗旨在教民做人。现中华民国无须革命，则学校教育最宜注意教民做人。学校教授各科多是教人以知识，若夫学做人之人格，所谓宗旨也。有宗旨而无学识尚不失为正士，有学识而无宗旨，如严又陵、辜鸿铭辈，至于附和帝制，身败名裂，岂非大惑不解！贵校有大学生，有中学生，有小学生，但不拘某级学生必须有一求学宗旨。宗旨何在？曰不外立志为中华民国国民一语而已。此宗旨最单纯、最易了解。宗旨既定，将来无论　事皆发挥此一语，将来无论时势变更如何，持此一语做宗旨，便万万无碍。日本人之学校以"大日本帝国"五字为宗旨，我则当以"中华民国国民"六字为宗旨，此为天经地义、最要特要者也云云。

---

　　① 　原文载《大公报》（长沙）1917 年 1 月 2 日，此演讲系章太炎访南洋归沪途经广州之演说。《章太炎全集》题为"在广州岭南大学之演讲"（《演讲集》上册，第 237 页），此标题为编者所拟。

学问须有自己意思①

（一）

学问须有自己意思，专法古人，专法外人，而自己无独立之精神，大为不可。教育者，对于受教育者不过尽辅助之责，其实自己不能教人，人亦不能教我。以言德育，须从自己良心上认定是非，不可以众人之是非为从违。如孔子言见贤思齐，阳明指为伪道德是也。以言智育，凡人之知识，并不从教育而得，盖举一固在教师，而反三仍在自己也。总之，人须有自信之能力，若全恃他人之教授，则其智慧为伪智慧，道德为伪道德。

（二）

我国学者大病在专务考证，前清之际，更流琐碎，逮西学东渐，制造繁兴，于是易其法古人者，转法外人。此其弊由于读书太多，不知运用，个人思想为之阻遏之故。是以袭取他人虽有余，自发条理则不足，江苏、皖南以及吾浙，尤其甚焉者也。数千年来，此种心理已

① 第一篇原文载《时报》1916 年 8 月 6 日《章太炎演说教育》，《章太炎全集》题为"在江苏省教育会附属小学教员暑期补习学校之演说"（《演讲集》上册，第 220 页）。第二篇原文载江苏省教育会《临时刊布》第十三号，1916 年 9 月 20 日，《章太炎全集》题为"在江苏省教育会上之演说"（《演讲集》上册，第 221 页）。两篇文章实为同一场演讲的不同记录，只是详略表述略有不同。此标题为编者所拟。

唐文治（1865—1954）　　　　黄炎培（1878—1965）

江苏省教育会是清末创办最早、影响最大、存在时间最长的地方性教育社团。 在其存在的 22 年时间里，经历了晚清、南京临时政府和北洋政府三个时期，并迅速成为联络江苏新教育界和统领江苏地方学务发展的重要社团之一。 该会是 1905 年江苏地方人士为协调本省南北教育而发起组织的，初名江苏学会总务（1905—1906），旨在研究本省学务得失，图学界之进步；继而更名为江苏教育总会（1906—1911），1912 年改名为江苏教育会（1912—1927）。 唐文治、黄炎培等相继担任过正副会长。

成惯习，故不特考古为然，即对于新学亦陷此弊，是皆由无自己意思故也。

夫学问非可得自书籍，亦不能全赖实验，以余观之，自己无须待人教育，人亦不能教育自己，理具于吾心，不自外袭。教孩提以一椅之一，即可推知一桌一杯之一；教孩提以今日之今，即可推知今年、今生之今。教之者一引其绪，而已触类旁通，在孩提自有此能。不然，事事物物，必待人教而后知，则教一椅只识此一，教今日只识此今，其他固无由而知，而教育之术行且穷矣。惟其本具于吾心，故一引其绪，即可连类而及，此所谓不必待人教育之说也。若云教育者果能以自己之知授与于人，则孔门弟子，宜尽如孔子矣。今何以见其不然耶？可见具若干之能力者，即如其限而止，虽圣人亦不能有所增加，此他人不能教育自己之说也。清代学者，积习已深，若聆此言，必掉首而去，是由专信书籍，为他人用，不知自运机杼之故。

江苏号称中国文物最盛之地，然其受病亦较他处为深，学者多法古人，法外人，无独立之精神，乏统系之学问。推其原，非由读书太多，为所束缚，不克自振拔故耶！今言道德，当自吾心发出者为真。吾之良心，既认为是或为非，则社会上所认为是或为非者，可不顾虑。须知欺世盗名，固不道德，而专效法他人，亦非道德。阳明所谓见贤思齐，即为伪道德者是也。以言智慧，亦为发自自己之心，取他人之知以为知，效他人之能以为能，必非真智慧。盖理具吾心，心外无理，岂必见贤而后思齐，法人而后为知哉！苏、浙之人，病根已深，为教师者，应明此理。不然，专在书籍上用工，终不免为伪道德伪智慧。诸君为江苏人，故特在江苏省教育会有此言也。

青年为人，当以志向气节为先[①]

(1925 年 10 月 8 日)

中国教育多偏重智识方面，畸形发展，致志向气节日趋堕落，实为中国隐忧。我国自古有主张读书者，如孔、孟、程、朱辈；有主张不读书者，如老子、陆象山、王阳明辈。盖陆、王等深信专重知识，常足以消磨志向气节，终无益于社会国家。然二者均是偏见。以予观之，青年为人，当以志向气节为先，学问为辅。明德为革命党之母校，亦为革命之源流，志向气节素称坚强，余深愿诸君保持前人之精神，始终勿替，则中国前途有厚望焉。

---

① 原文载《大公报》(长沙)1925 年 10 月 9 日"本省新闻"《章太炎在明德讲演记》。《章太炎全集》题为"在长沙明德中学的演讲"(《演讲集》上册，第 404 页)，此标题为编者所拟。

1903年，近代著名教育家胡元倓先生创办长沙明德中学，为近代湖南第一所私立新式学堂，也是中国最早的近代新式教育学校之一。该校初名明德学堂（1903年），后更名为湖南明德私立中学校（1912年），1920年定名为私立明德中学。在近代革命史上，明德中学也占有一席之地。该校创立初期，黄兴、张继、陈天华、苏曼殊、周震鳞等人在此执教。1917年，时教育部曾称赞，"明德规模宏大，成材众多，在中国私立学校中实为有数之学校"。据该校1927届旧制21班学生任自立回忆："学校经常请学者来校讲演。一次，章太炎老先生来校，他讲苏州话怕同学们不易听懂，讲得很从容，一直讲了一上午。大家很敬佩他是从事革命的伟大学者。"（参见任自立《在明德中学读书时的回忆》，徐林主编《明德岁月》，湖南师范大学出版社2013年版，第14页）图为1932年建成的明德中学乐诚堂。

学校当修养学生之性灵①

（1925 年 10 月 9 日）

余对于宗教素少研究。少年总角从师，即服膺孔学，继以老子，后心气病盛，遂转研佛理，而基督教与回教二者，终未探讨，故余未敢剧下批评。然推原世界宗教，原理大概相同，有宗教之名，即有其所以为宗教者在。今日非宗教运动极盛，视宗教为人类进化之障碍。以余观之，宗教之为物，如有可取者而在水平线度下言之，各教之教义又无不相同。

当今日非宗教运动盛倡之时，基督教之在中国，未免受剧大之影响，教会学校多为基督教人所兴办，自然首当其冲。是以年来排挤教会学校之风日盛，此为政治及社会现象所酿成，事实所迫，有难免者。然以教会学校本身论之，其对于过去中国之供献，亦为事实所不能掩，平心而论，可举数端，以示其概。学校为建立少年完全人格之所，宜重在纯美学风之养成。年来国内学校蔚起，固不能不视为教育之进步，而于学风则一落千丈。学生入校之后，能安心读书者已不多觐，而攻击教员职员又视为常事，安能望其有良好之学风？处此种混动局势之中，教会学校却能安然不为所动，校风每较他校优良，吾人

---

① 由邵子风记录，载《大公报》（长沙）1925 年 10 月 12 日"本省新闻"《章太炎在雅礼演讲词》。《章太炎全集》题为"在湘雅礼大学之演说"（《演讲集》上册，第 405—507 页），此标题为编者所拟。

雅礼大学系今湖南雅礼中学的前身，创建于 1906 年，是美国耶鲁大学的民间团体雅礼协会（Yale Misson）在中国创办的第一所大学。 1903 年，湖南境内各基督教会的代表在长沙开会，议决邀请美国耶鲁大学传教会将长沙作为发展教育事业的中心。 经过多方努力，学校定名为"雅礼大学堂"，既译 Yale 之音，又取《论语》"子所雅言，诗书执礼"之义。 1926 年冬，该校受大革命影响停办，直至 1928 年 9 月恢复为雅礼中学，并延续至今。 1925 年 9 月 25 日，章太炎应赵恒惕请，由武昌抵达长沙，担任湖南省县长考试主考官。 图为民国时期雅礼麻园岭老校园。

不能不视之为教会学校之优点。但予对于教会学校有一贡献。基督教初入中国，其教育方针每由平民入手，选贫苦失学之子弟，教以生活技能，俾得自谋生机，意至善也。但时至今日，则宜扩大其教育眼光，改换政策，不独教以生活技能，且宜加以高深远大之学问，如科学、法政、医学之类，而办学方法，亦当因势而利导之，俾求学者日增无已，不独平民子弟负笈而来，即高级家族子弟亦能按年累增。现在教会学校，能扩大其眼光，至为可佩，但能加以远大之学科，则其为福利于我教育界尤非浅鲜。

无论何种宗教，初不外二种目的：一，劝人为善；二，使人安命。第一种目的之为益于人类，固已不小；而第二种目的，则影响最大。能安命则心静，心静则临危而不惧，临乱而不惊，虽在生死关头，亦能处之泰然，自古成大功立伟业者，赖此而已。此皆非修养有素者，断难致此。故宗教之作用极多，而静心安命则为其最重要功用之一。从来历史上重要人物，大都沉毅静远，气节不移，任何事变之来，皆能镇静不动，保持其远大气概，肩任远大事业，故曰能静致远。宗教能使人性静，其于人生之助力，则不可量。教会学校授人以高深学术之外，又使学生加以性灵之修养，二者相辅而行，其所造就之人才，或较他校转胜。今日教会学校以外之公私立学校，只知授学生以知识，而于做人一道，却少注意。学生缺乏道德修养，心灵锻炼，甚至只趋利禄之途，于气节德操少有顾及，安能望其成大材、肩大事？今日所需者不仅为学识，而尤需要在坚强不拔之德操。青年学子，能使高深之学识与坚定之德操相辅并行，则将来所成功者乃不可限量。近来日本军人中亦讲究佛理，无非养成静远之德操，所谓临乱而不惧。孔子谓"杀身成仁""勇者不惧"，其气概为何如耶？儒家讲性理，佛家讲性静，基督教讲信心，皆足以俾人成大气节而为大事业。此种气节，必于实际修养中求之，非一蹴可几也。教会学校学生，向于修养上着做工夫，再加以远大之学问，则其所成就者，必较他校学生远甚矣。

今日承各校欢迎，余谨进此一言，联以供献而已。

论教育的根本要从自国自心发出来[①]

（1907 年至 1910 年讲于日本）

本国没有学说，自己没有心得，那种国，那种人，教育的方法，只得跟别人走。本国一向有学说，自己本来有心得，教育的路线自然不同。几位朋友，你看中国是属于那一项？中国现在的学者，又属于那一项呢？有人说，中国本来没有学说，那种话，前几篇已经驳过[②]。还有人说，中国本来有学说，只恨现在的学者没有心得。这句话虽然不合事实，我倒愿学者用为药石之言。

中国学说，历代也有盛衰，大势还是向前进步，不过有一点儿偏胜。只看周朝的时候，礼、乐、射、御、书、数，唤作六艺，懂得六艺的多。却是历史政事，民间能够理会的狠少。哲理是更不消说得。后来老子、孔子出来，历史、政事、哲理三件，民间渐渐知道了。六艺倒渐渐荒疏。汉朝以后，懂六艺的人虽不少，总不如懂历史政事的多。汉朝的人懂六艺，比六国人要精许多。哲理又全然不讲。魏、晋、宋、齐、梁、陈这几代，讲哲理的，尽比得上六国。六艺里边的事，礼、乐、数是一日明白一日。书只有形体不正一点，声音训诂，仍旧没有失去，历史政事自然是容易知道的，总算没有甚么偏胜。

---

① 原载《教育今语杂志》第三册，1910 年 5 月 8 日发行，署名独角，后载《章太炎的白话文》。

② 前几篇演讲，如"中国文化的根源和近代学问的发达""论诸子的大概"等。

隋、唐时候，①佛教的哲理比前代要精审，却不过几个和尚。寻常士大夫家，儒道名法的哲理就没有。数学、礼学，唐初都也不坏，从中唐以后衰了。只剩得历史、政事，算是唐人擅场。

宋朝人分做几派：一派是琐碎考据的人，像沈括、陆佃、吴曾、陆游、洪适、洪迈，都是。王应麟算略略完全些，也不能见得大体。在六艺方面，不能成就得那一种。一派是好讲经世的人，像苏轼、王安石、陈亮、陈傅良、叶适、马端临，都是。陈、马还算着实，其余不过长许多浮夸的习气，在历史既没有真见，在当时也没有实用。一派是专求心性的人，就是理学家了。比那两家，总算成就。除了邵雍的鬼话，其余比魏、晋、宋、齐、梁、陈的学者，也将就攀得上。历史只有司马光、范祖禹两家。司马光也还懂得书学。此外像贾昌朝、丁度、毛居正几个人，也是一路。像宋祁、刘敞、刘奉世、曾巩，又是长于校勘，原是有津逮后学的功，但自己到底不能成就小学家。宋、元之间，几位算学先生出来，倒算是独开蹊径。大概宋朝人还算没有偏胜，只为不懂得礼，所以大体比不上魏、晋几朝。〔中国有一件奇怪事，老子明说"礼者，忠信之薄"，却是最精于礼，孔子事事都要请教他。魏、晋人最佩服老子，几个放荡的人，并且说"礼岂是为我辈设"，却是行一件事，都要考求典礼。晋朝末年，礼论有八百卷，到刘宋朝何承天，删并成三百卷；梁朝徐勉集五礼，共一千一百七十六卷；可见那时候的礼学，发达到十分。现在《通典》里头，有六十卷的礼，大半是从那边采取来，都是精审不磨，可惜比照原书，存二十分之一了。那时候人，非但在学问一边讲礼，在行事一边，也

---

① "隋"，原作"随"。

都守礼。且看宋文帝已做帝王，在三年服里头生太子，还瞒着人不敢说，像后代的帝王，那里避这种嫌疑？可见当时守礼的多，就帝王也不敢公然逾越。更有怪的，远公①原是个老和尚，本来游方以外，却又精于《丧服》。弟子雷次宗，也是一面清谈，一面说礼，这不是奇怪得狠么？宋朝的理学先生，都说服膺儒术，规行矩步，到得说礼，不是胡涂，就是缪妄，也从不见有守礼的事。只是有一个杨简（通称杨慈湖），在温州做官，遇着钦差到温州来，去和他行礼，主人升自阼阶，宾升自西阶，一件一件都照着做，就算奇特非常，到底不会变通，也不算甚么高。照这样看来，理学先生，远不如清谈先生。]

明朝时候，一切学问，都昏天黑地，理学只袭宋儒的唾余，王守仁出来，略略改变些儿，不过是沟中没有蛟龙，鲵鳅②来做雄长，连宋朝人的琐碎考据，字学校勘都没有了。典章制度，也不会考古，历史也是推开一卷。中间有几位高的，音韵算陈第，文字训诂算黄生，律吕算朱载堉，攻《伪古文尚书》算梅鷟，算学也有个徐光启，但是从别处译来，并不由自己思索出来，所以不数。到明末顾炎武，就渐渐成个气候。

近二百年来，勉强唤做清朝，书学、数学、礼学，昏黑了长久，忽然大放光明，历史学也比得上宋朝。像钱大昕、梁玉绳、邵晋涵、洪亮吉，都着实可以名家。讲政事的颇少，就有也不成大体。或者因为生非其时，不犯着讲政事给他人用，或者看穿讲政事的，总不过是

---

① 远公，即东晋名僧慧远（334—416）。他内通佛理，外善群书，《高僧传》载"时远讲《丧服经》，雷次宗、宗炳等并执卷承旨"。

② 鲵鳅：小鱼。

浮夸大话，所以不愿去讲。至于哲理，宋、明的理学，已经阁起一边了，总想不出一种道理去代他。中间只有戴震，做几卷《孟子字义疏证》，自己以为比宋儒高，其实戴家的话，只好用在政事一边，别的道理，也并没得看见。宋儒在《孟子》里头翻来翻去，戴家也在《孟子》里头翻来翻去。宋儒还采得几句六朝话（大概皇侃《论语疏》里头的话，宋儒采他的意颇多），戴家只会墨守《孟子》。《孟子》一家的话，戴家所发明的，原比宋儒切实，不过哲理不能专据《孟子》。（阮元的《性命古训》，更不必评论了。）到底清朝的学说，也算十分发达了。只为没有讲得哲理，所以还算一方偏胜。

若论进步，现在的书学、数学，比前代都进步。礼学虽比不上六朝，比唐、宋、明都进步。历史学里头，钩深致远，参伍比校，也比前代进步。经学还是历史学的一种，近代也比前代进步。本国的学说，近来既然进步，就和一向没有学说的国，截然不同了。但问进步到这样就止么，也还不止。六书固然明了，转注、假借的真义，语言的缘起，文字的挈乳法，仍旧模胡，没有寻出线索，可不要向前去探索么！礼固然明了，在求是一边，这项礼为甚么缘故起来？在致用一边，这项礼近来应该怎样增损？可不要向前去考究么？历史固然明了，中国人的种类，从那一处发生？历代的器具，是怎么样改变？各处的文化，是那一方盛？那一方衰？盛衰又为甚么缘故？本国的政事，和别国比较，劣的在那一块？优的在那一块？又为甚么有这样政事？都没有十分明白，可不要向前去追寻么？算学本是参酌中外，似乎那边盛了，这边只要译他就够。但以前有徐光启采那边的，就有梅文鼎由本国寻出头路来；有江永采那边的，就有钱大昕、焦循由本国寻出头路来。直到罗士琳、徐有壬、李善兰都有自己的精思妙语，不专去依傍他人。后来人可不要自勉么！近来推陈出新的学者，也尽有几个。若说现在的学者没有心得，无论不能概全国的人，只兄弟自己看自己，心得的也很多。到底中国不是古来没有学问，也不是近来的学者没有心得，不过用偏心去看，就看不出来。怎么叫做偏心？只佩服别国的学说，对着本国的学说，不论精粗美恶，一概不采，这是第一种偏心。

在本国的学说里头，治了一项，其余各项，都以为无足重轻，并且还要诋毁。就像讲汉学的人，看见魏晋人讲的玄理，就说是空言，或说是异学；讲政事的人，看见专门求是不求致用的学说，就说是废物，或说是假古玩。仿佛前人说的，一个人做弓，一个人做箭，做弓的说："只要有我的弓就好射，不必用箭。"做箭的说："只要有我的箭就好射，不必用弓。"这是第二种偏心。（这句话，并不是替许多学者做调人，一项学术里头，这个说的是，那个说的非，自然要辨论驳正，不可模棱了就算数。至于两项学术，就不该互相菲薄。）

这两项偏心去了，自然有头绪寻出来。但听了别国人说，本国的学说坏，依着他说坏，固然是错；就听了别国人说，本国的学说好，依着他说好，仍旧是错。为甚么缘故呢？别国人到底不明白我国的学问，就有几分涉猎，都是皮毛，凭他说好说坏，都不能当做定论。现在的教育界，第一种错，渐渐打消几分；第二种错，又是接踵而来。比如日本人说阳明学派是最高的学派，中国人听了，也就去讲阳明学，且不论阳明学是优是劣，但日本人于阳明学，并没有甚么发明，不过偶然应用，立了几分功业，就说阳明学好。原来用学说去立功业，本来有应有不应，不是板定的。就像庄子说："能不龟手一也，或以侯，或不免于洴澼絖。"（不龟手，说手遇了冷不裂；洴澼絖，就是打緤。）本来只是凑机会儿，又应该把中国的历史翻一翻。明末东南的人，大半是讲阳明学派，如果阳明学一定可以立得功业，明朝就应该不亡。又看阳明未生以前，书生立功的也很不少，远的且不必说，像北宋种师道，是横渠的弟子，用种师道的计，北宋可以不亡。南宋赵葵是晦庵的再传弟子，宋末保全淮蜀，都亏赵葵的力。明朝刘基（就是人人称刘伯温的），是参取永嘉、金华学派的人，明太祖用刘基的策，就打破陈友谅。难道看了横渠、晦庵和永嘉、金华学派的书，就可以立得功业么？原来运用之妙，存乎其人。庄子说得好："豕零桔梗，是时为帝。"（豕零，就是药品里头的猪苓，意思说贱药也有大用。）如果着实说去，学说是学说，功业是功业，不能为立了功业，就说这种学说好，也不能为不立功业，就说这种学说坏（学说和致用的方术不同，致用的方术，有效就是好，无效就是不好；学说就不然，理论和事实合才算好，理论和事实不合就不好，不必问他有用没用）。现在看了日本人偶然的事，就说阳明学好，真是道听途说了。

又像一班人，先听见宋儒谤佛，后听见汉学人谤佛，最后又听见基督教人也谤佛，就说佛学不好；近来听见日本人最信佛，又听见欧洲人也颇有许多信佛，就说佛学好，也不论佛学是好是坏。但基督教人，本来有门户之见，并说不出自己的理论来；汉学人也并不看佛书，这种话本可以阁起一边；宋儒是看过佛书了，固然有许多人谤佛，也有许多人直用佛书的话，没有讳饰。本来宋儒的学说，是从禅宗脱化，几个直认不讳的。就是老实说直话，又有几个？里面用了佛说，外面排斥佛说，不过是装潢门面，难道有识的人，就被他瞒过么？日本人的佛学，原是从中国传去，有几种书，中国已经没有了，日本倒还有原版，固是可宝。但日本人自己的佛学，并不能比中国人深，那种华严教、天台教的话，不过把中国人旧疏敷衍成篇。他所特倡的日莲宗、真宗，全是宗教的见解，并没有关系学说的话。尽他说的好，也不足贵。欧洲人研究梵文，考据佛传，固然是好；但所见的佛书，只是小乘经论，大乘并没有几种。有意讲佛学的人，照着他的法子，考求言语历史，原是不错（本来中国玄奘、义净这班人，原是注意在此，但宋朝以后就绝了）。若说欧洲人是文明人，他既学佛，我也依他学佛，这就是下劣的见解了。

胡乱跟人，非但无益，并且有害。这是甚么缘故？意中先看他是个靶子，一定连他的坏处也取了来。日本出家人都有妻，明明是不持戒律，既信日本，就与佛学的本旨相反。欧洲人都说大乘经论，不是释迦牟尼说的（印度本来有这句话）。看不定的人，就说小乘好，大乘不好，那就弃菁华取糟粕了。佛经本和周公、孔子的经典不同：周、孔的经典，是历史，不是谈理的，所以真经典就是，伪经典就不是；佛经是谈理的，不是历史，只要问理的高下，何必问经是谁人所说。佛经又和基督教的经典不同：基督教是纯宗教，理的是非，并不以自己思量为准，只以上帝耶稣的所说为准；佛经不过夹杂几分宗教，理的是非，要以自己思量为准，不必以释迦牟尼所说为准。以前的人学佛，原是心里悦服，并不为看重印度国，推爱到佛经；现在人如果要讲佛学，也只该凭自己的心学去，又何必借重日本、欧洲呢？

又像一班无聊新党①，本来看自国的人是野蛮人；看自国的学问是野蛮学问；近来听见德国人颇爱讲支那学，还说中国人民，是最自

---

① 新党：指提倡新文化的人。

由的人民；中国政事，是最好的政事；回头一想，文明人也看得起我们野蛮人，文明人也看得起我们野蛮学问，大概我们不是野蛮人，中国的学问不是野蛮学问了。在学校里边，恐怕该添课国学汉文。有这一种转念，原说他好，并不说他不好，但是受教的人，本来胸中象一块白绢，惟有听受施教的话，施教的人却该自己有几分主意，不该听别人的话。何不想一想，本国的学问，本国人自然该学，就象自己家里的习惯，自己必定应该晓得，何必听他人的毁誉？别国有几个教士穴官，粗粗浅浅的人，到中国来要知这一点儿中国学问，向下不过去问几个学究，向上不过去问几个斗方名士，本来那边学问很浅，对外人说的，又格外浅，外人看中国自然没有学问。

古人说的，"以管窥天，以蠡测海"（"蠡"本来应写"蠃"，俗写作"螺"。意思说用蠃去舀海水，不能晓得海的深浅），一任他看成野蛮何妨。近来外人也渐渐明白了，德国人又专爱考究东方学问，也把经典史书略略翻去，但是翻书的人，能够把训诂文义真正明么？那个口述的中国人，又能够把训诂文义真正明白么？你看日本人读中国书，约略已有一千多年，究竟训诂文义，不能明白。他们所称为大儒，这边看他的话，还是许多可笑（像山井鼎、物观校勘经典，却也可取，因为只有案字比校，并不多发议论，其余著作，不过看看当个玩具，并没有可采处。近来许多目录家，看得日本有几部旧书，就看重日本的汉学家，是大错了。皇侃《论语疏》《玉烛宝典》《群书治要》几部古书，不过借日本做个书簏子）。这个也难怪他们，因为古书的训诂文义，从中唐到明代，一代模胡一代，到近来才得真正明白。以前中国人自己尚不明白，怎么好责备别国人！后来日本人也看见近代学者的书，但是成见深了，又是发音极不正当，不晓得中国声音，怎么能晓得中国的训诂？既然不是从师讲授，仍旧不能冰释理解，所以日本人看段注《说文》、王氏《经传释词》，和《康熙字典》差不多。几个老博士，翻腾几句文章学说，不是支离，就是汗漫。日本人治中国学问，这样长久，成效不过如此，何况欧洲人只费短浅的光阴，怎么能够了解？

有说日本人欢喜附会，德国人倒不然，总该比日本人精审一点，这句话也有几分合理。日本人对看欧洲的学说，还不敢任意武断。对着中国的学说，只是乱说乱造，或者徐福东来，带了许多燕、齐怪迂之士，这个遗传性至今还在？欧洲人自然没有这种荒缪，到底时期太浅，又是没有师授，总是不解，既然不解，他就说是中国学问，比天还要高，中国人也不必引以为荣。古人说"一经品题，声价十倍"，原是看品题人是甚么？若是没有品题的资格，一个门外汉，对着我极口称赞，又增甚么声价呢？听了门外汉的品题，当作自己的名誉，行到教育一边，也有许多毛病。往往这边学究的陋话，斗方名士的缪语，传到那边，那边附会了几句，又传到这边，这边就看做无价至宝；也有这边高深的话，传到那边，那边不能了解，任意胡猜，猜成了，又传到这边，这边又看作无价至宝，就把向来精深塙实的话，改做一种浅陋荒唐的话。这个结果，使学问一天堕落一天。

几位朋友，要问这种凭据，兄弟可以随意举几件来。

（一）日本人读汉字，分为汉音、吴音、唐音各种。却是发音不准，并不是中国的汉音、唐音、吴音本来如此，不过日本人口舌屈强，学成这一种奇怪的音。现在日本人说，他所读的倒是中国古来的正音，中国人也颇信这句话。我就对那个人说，中国的古音，也分二十几韵，那里像日本发音这样简单？古音或者没有凭据，日本人所说

的古音，大概就是隋唐时候的音。你看《广韵》，现在从《广韵》追
到唐朝的《唐韵》、隋朝的《切韵》，并没有甚么大变动。照《广韵》
的音切，切出音来，可像日本人读汉字的声音么？那个人说，怎么知
道《广韵》的声音不和日本声音一样？我说，一项是声纽（就是通称
字母的），两项是四声，从隋唐到现在，并没有甚么大改，日本可有
四声么？可有四十类细目么？至于分韵，元明以来的声音，比《广
韵》减少，却比日本还多。日本人读汉字，可能像《广韵》分二百六
韵么？

你看从江苏沿海到广东，小贩做工的人，都会胡乱说几句英语，
从来声音没有读准，假如几百年后，英国人说："我们英国的旧音失
去了，倒是中国沿海的人，发得出英国的旧音。"你想这句话，好笑
不好笑？

（二）日本人常说："日本人读中国的古文就懂得，读中国的现行
的文就不懂得，原来中国文体变了，日本人作的汉文，倒还是中国的
古文。"这句话，也颇有人相信。我说：日本的文章，用助词非常的
多，因为他说话里头助词多，所以文章用助词也多。中国文章最爱多
用助词的，就是宋、元、明三朝，所以日本人拿去强拟，真正隋唐以
前的文章，用助词并不多。日本可能懂得么？至于古人辞气，和近来
不狠相同，就中国人粗称能文的，还不能尽解，更何论日本人？自从
王氏做《经传释词》，近来马建忠分为八品，做了一部《文通》，原
是用法文比拟，并却没有牵强，大体虽不全备，中国的词，分起
来，总有十几品，颇还与古人辞气相合，在中国文法书里边，也算
铮铮佼佼了！可笑有个日本人儿岛献吉，又做一部《汉文典》，援
引古书，也没有《文通》的完备，又拏日本诘诎聱牙的排列法，去

硬派中国文法，倒有许多人说儿岛的书比马氏好得多，因为马氏不录宋文，儿岛兼录宋文。不晓中国的文法，在唐朝早已完备了，宋文本来没有特别的句调，录了有甚么用？宋文也还可以读，照着儿岛的排列法，语势塞涩，反变成文理不通，比马氏的书，真是有霄壤之隔。近来中国反有人译他的书，唉！真是迷了。日本几个老汉学家做来的文字，总有几句不通，何况这位儿岛学士。现在不用拿两部书比校，只要请儿岛做一篇一千字长的文章，看他语气顺不顺，句调拗不拗？再请儿岛点一篇《汉书》，看他点得断点不断？就可以试验得出来了！

（三）有一个英国人，说中国的言语，有许多从外边来，就像西瓜、芦萉、安石榴、蒲桃（俗写作葡萄）是希腊语，师子是波斯语，从那边传入中国。这句话，近来信的虽不多，将来恐怕又要风行。要晓这种话，也有几分近理。却是一是一非，要自己检点过。中国本来用单音语，鸟兽草木的名，却有许多是复音语。但凡有两字成一个名的，如果两字可以分解得开，各自有义，必不是从外国来。如果两字不能分解，或者是从外国来。蒲桃本不是中国土产，原是从西域取来，枝叶既不像蒲，果实也不像桃，唤做蒲桃，不合中国语的名义，自然是希腊语了。师子、安石榴，也是一样。像西瓜就不然，瓜是蓏物的通名，西瓜说是在西方的最好。两个都有义，或者由中国传到希腊去，必不由希腊传到中国来。芦萉也是中国土产，《说文》已经列在小篆，两个字虽则不能分解，鸟兽草木的名，本来复音语狠多，也像从中国传入希腊，不像从希腊传入中国。

至于彼此谈话，偶然一样，像父母的名，全地球没有大异。中国称兄做昆，转音为哥；鲜卑也称兄为阿干。中国称帝王为君，突厥也称帝王为可汗。中国人自称为我，拉丁人也自称为爱伽。中国吴语称我辈为阿旁（《洛阳伽蓝记》，自称阿侬，语则阿旁），梵语也称我辈为阿旁。中国称彼为他，梵语也称彼为多他。中国叹词有乌呼，梵语也是阿蒿。这种原是最简的语，随口而出，天籁相符，或者古来本是同种，后来分散，也未可知？必定说甲国的语，从乙国来；乙国的话，从甲国去，就是全无凭据的话了（像日本许多名词，大半从中国去。蒙古的黄台吉，就是从中国的皇太子变来。满洲的福晋，就是从中国的夫人变来。这种都可以决定。因为这几国都近中国，中国文化先开，那边没有名词，不得不用中国的话，所以可下断语。若两国隔绝得狠远的，或者相去虽近，文化差不多同时开的，就不能下这种断语）。有人说中国象形文字从埃及传来；也有说中国的干支二十二字，就是希腊二十二个字母，这种话全然不对。象形字就是画画，任凭怎么样草昧初开的人，两个人同对着一种物件，画出来总是一样，何必我传你，你传我？干支二十二字，甲、己、庚、癸是同纽，辛、戌是同纽，戊、卯、未，古音也是同纽，譬如干支就是字母，应该各是各纽，现在既有许多同纽的音，怎么可以当得字母？这种话应该推开。

（四）法国人有句话，说中国人种，原是从巴比伦来。又说中国地方本来都是苗人，后来被汉人驱逐了。以前我也颇信这句话，近来细细考证，晓得实在不然。封禅七十二君，或者不纯是中国地方的土著人，巴比伦人或者也有几个。因为《穆天子传》里面谈的，颇有几分相近；但说中国人个个是从巴比伦来，到底不然。只看神农姜姓，姜就是羌，到周朝还有姜戎，晋朝青海有个酋长，名叫姜聪，看来姜是羌人的姓。神农大概是青海人；黄帝或者稍远一点，所以《山海

经》说在身毒（身毒就是印度），又往大夏去采竹，大夏就是唐代的
睹货逻国，也在印度西北，或者黄帝是印度人。到底中国人种的来
源，远不过印度、新疆，近就是西藏、青海，未必到巴比伦地方。至
于现在的苗人，并不是古来的三苗；现在的黎人，并不是古来的九
黎。三苗、九黎，也不是一类。三苗在南，所以说左洞庭，右彭蠡；
九黎在北，所以《尚书》《诗经》都还说有个黎侯，黎侯就在山西。
蚩尤是九黎的君（汉朝马融说的），所以黄帝从西边来，蚩尤从东边
走，赶到涿鹿，就是现在直隶宣化府地界，才决一大战。如果九黎、
三苗，就是现在的黎人、苗人，应该在南方决战，为甚么到北方极边
去，难道苗子与鞑子杂处？三苗是云氏的子孙（汉朝郑康成说的），
也与苗子全不相干。近来的苗人、黎人，汉朝称为西南夷，苗字本来
写髳字，黎字本来写俚字，所以从汉朝到唐初，只有髳俚的名，从无
苗黎的名。后来人强去附会《尚书》，就成苗黎，别国人本来不晓得
中国的历史，听中国人随便讲讲，就当认真。中国人自己讲错了，由
别国去一翻，倒反信为确据，你说不要笑死了么？

（五）法国又有个人说，《易经》的卦名就是字书，每爻所说的话
都是由卦名的字，分出多少字来。这句话，颇像一百年前焦循所讲的
话。有几个朋友也信他。我说，他举出来的字，许多小篆里头没有，
岂可说文王作《周易》的时候，已经有这几个字？况且所举的字，音
也并不甚合。在别国人想到这条路上，也算他巧思，但是在中国人只
好把这种话做个谈柄，岂可当他实在？如果说他说的巧合，所以可
信，我说明朝人也有一句话，比法国人更巧：他说《四书》本来是一
部书，《论语》后边说"不知命"，接下《中庸》开口就说"天命之谓
性"；《中庸》后边说"予怀明德"；接下《大学》开口就说"在明明

德"；《大学》后边说"不以利为义，以义为利也"，接下《孟子》开口就说"王何必曰利，亦曰仁义而已矣"。这到是天然凑合，一点没有牵强。但是信得这句话么？明末人说了，就说他好笑，法国人说了，就说他有理，不是自相矛盾的么？

上面所举，不过几项，其余也举不尽。可见别国人的支那学，我们不能取来做准，就使是中国人不大深知中国的事，拿别国的事迹来比附，创一种新奇的说，也不能取来做准。强去取来做准，就在事实上生出多少支离，学理上生出多少缪妄，并且捏造事迹。（捏造事迹，中国向来没有的，因为历史昌明，不容他随意乱说；只有日本人，最爱变乱历史，并且拏小说的假话当做实事。比如日本小说里头，说源义经到蒙古去，近来人竟说源义经化做成吉思汗，公然形之笔墨了。中国下等人，相信《三国志演义》里头许多怪怪奇奇的事，当做真实，但在略读书的人，不过付之一笑。日本人竟把小说的鬼话，踵事增华，当做真正事实，好笑极了。因为日本史学，本来不昌，就是他国正史，也大半从小说传闻的话翻来，所以前人假造一种小说，后来人竟当做真历史，这种笑柄，千万不要风行到中国才好！）舞弄条例，都可以随意行去，用这个做学说，自己变成一种庸妄子；用这个施教育，使后生个个变成庸妄子，就使没有这种弊端，听外国人说一句支那学好，施教育的跟着他的话施，受教育的跟着他的话受，也是不该！上边已经说了，门外汉极力赞扬，并没有增甚么声价，况且别国有这种风尚的时候，说支那学好；风尚退了，也可以说支那学不好。难道中国的教育家，也跟着他旅进旅退么？现在北京开经科大学，许欧洲人来游学，使中国的学说，外国人也知道一点儿，固然是好；但因此就觉得增许多声价，却是错了见解了。大凡讲学问施教育的，不

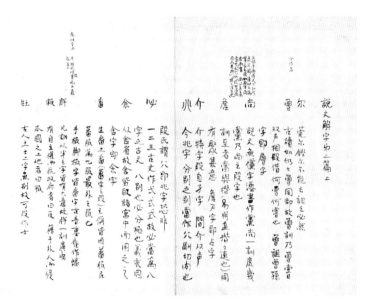

图为鲁迅在日本东京时期听章太炎讲授《说文解字》的笔记。 章太炎在1906年东渡日本，致力于革命的同时，还开设讲坛讲授国学，受到留日学子的青睐。 他在"教育救国"方面，提出"教育的根本要从自国自心发出来"的观点，主张立足本国的文化，可以适当借鉴外国，但决不可放弃自家的"好东西"。

可像卖古玩一样，一时许多客人来看，就贵到非常的贵；一时没有客人来看，就贱到半文不值。自国的人，该讲自国的学问，施自国的教育，像水火柴米一个样儿，贵也是要用，贱也就要用，只问要用，不问外人贵贱的品评。后来水越治越清，火越治越明，柴越治越燥，米越治越熟，这样就是教育的成效了。至于别国所有中国所无的学说，在教育一边，本来应该取来补助，断不可学《格致古微》的口吻，说别国的好学说，中国古来都现成有的。要知道凡事不可弃己所长，也不可攘人之善。弃己所长，攘人之善，都是岛国人的陋见，我们泱泱大国，不该学他们小家模样！

留学的目的和方法①

　　做一件事，说一句话，最怕的别人要问：甚么缘故？现在问诸君在这边留学，是甚么缘故？又问：回家去教育子弟，是甚么缘故？大概总说求学是要使自己成有用之材，教育是要他人成有用之材。这句话，原是老生常谈，但看起来，有几分不对。致用本来不全靠学问，学问也不专为致用。何以见得呢？

　　你看别国的政治学者，并不能做成政治家，那个政治上的英雄伟人，也不见他专讲究政治学。政治本来从阅历上得来的多，靠书籍上得来的少。就像中国现在，袁世凯不过会写几行信札，岑春煊并且不大识字，所办的事，倒比满口讲政治的人好一点儿。又向实业一边看来，日本农科大学的学问，颇还好了，也该有几分行到民间，但民间农业仍旧不好，请到日本田边一看，秋收以后，桩子还在，并不知道收后要耕一次，直到来年下种，方才去耕，所以每年收获，不过同中国山东一样。中国江苏、浙江、江西的农人，两只黄耳朵，并没有听人说过甚么农学，收获倒比日本加倍。固然几分靠着地质，到底是农人勤耕美粪的力居多。可见在致用上，第一要紧是阅历，第二要紧是勤劳，书本子上的学问，不过帮助一点儿，那里有专靠帮助的！

---

　　① 此文原载《教育今语杂志》第四册，1910 年 6 月 6 日（宣统二年四月二十九日）发行，原题《庚戌会演说录》，署名"独角"；后载《章太炎的白话文》，改题为《留学的目的和方法》。

学问本来是求智慧，也不专为致用。中国古代的学问，都趋重致用一边，因为当时的人，只有看外边的眼光，没有看里边的眼光，觉得学了无用，不如不学。但到战国时候，已经渐渐打破。近来分科越多，理解也越明，自己为自己求智识的心，比为世界求实用的心，要强几倍，就晓得学问的真际，不专为致用了。况且致用的学问，未必真能合用；就使真能合用，还有一件致用的致用，倒不得不碰机会，机会不巧，讲致用的还是无用。专求智慧，只要靠着自己，并不靠甚么机会，假如致用不成，回去著书立说。那件致用的方法，又是各时各代不同。近几代有用的，将来又变成没用，这书也就废了，不是枉废精神么？至于专求智慧，见得几分真理，将来总不能泯没。就有一点儿漏洞，总不会全局都翻，这书倒还可以传到后来。照这两样看起来，讲学问的，又何苦专向致用一路呢！在政府设许多学校，原只望成就几个致用的人，至于学生求学，以及教人求学，就不该专向致用一面。大概诸君心里，自己都晓得有自己，也晓得他人都有自己，未必是专向外边去驰逐的。

还有人说，求学是为修养道德，教人是为使人修养道德。兄弟看起来，德育、智育、体育这三句话，原是应该并重。不过学校里边的教育，倒底与道德不相干。兄弟这句话，并不是像教士的话，说道德都在礼拜堂里。但道德是从感情发生，不从思想发生。学校里边，只有开人思想的路，没有开人感情的路。且看农工商贩，有道德的尽多，可见道德是由社会熏染来，不从说话讲解来。学校里边，修身的教训，不过是几句腐话，并不能使人感动。再高了，讲到伦理学，这不过是研究道德的根原，总是在思想上，与感情全不相关。怎么能够发生道德出来？况且讲伦理讲修身的教习，自己也没有甚么道德，上堂厚了面皮，讲几句大话，退堂还是吃酒狎妓。本来他为自己的饭碗，不得不虚应故事，去讲几句。俗话说的"做一日和尚撞一日钟"，这个就是伦理学教师的职分。说话与感情本没相干，自己的道德，又不能为学生做表仪，要想学生相观而善，不是"煮沙成饭"么！

不单是这样说，先生就果然有道德，也未必能成就学生。何以见得呢？中国的孔夫子，道德就不算极高，总比近来讲伦理学的博士要高一点，教出来的学生，德行科也只有四个。其余像宰我就想短丧，冉有就帮季氏聚敛，公伯寮还要害自己同学的人，有甚么道德！郑康成的道德能够感化黄巾，倒是及门的郗虑，害了孔融，又害了伏后，始终不能受郑康成的感化。后来几位理学先生，像二程的道德，也算可以了，教出来的学生，有一个邢恕，和蔡京、章惇一党，名字列在《宋史·奸臣传》里。孔子、郑康成、二程，道德是本来高的，所设的又是学会，不是学校，先生学生的亲切，总不像学校里头，见面日久，还不识学生的姓名。尚且有一般学生，反背道德的，何况入广大无边的学校，从空口大话的教习，于道德有甚么益处？

兄弟看来，大凡一处地方，人聚得越多，道德就越腐败，像军营、寺院、学校都是一样。寺院里边的人，满口高谈道德，还有许多戒律约束他，道德尚且不好；军营里边，有极严厉的军法，逼得军人一步不得自由，也不过勉强把面子糊了去；学校里边，规则本来较宽，实在也不能用严厉的法子硬去逼束，空空的聚了许多人，道德自然难得好的。就有几个好的，或者天资本来醇厚，或者是从他的家教得来，或者所交的朋友，都还是品行端方，所以不很走作①，并不是

---

① 走作：越规逾矩。

学校能够养成他的道德。但一切讲教育的人，总要把德育的话敷衍门面。不过因为道德是人间必不可少的东西，若开口说我这个学校里不讲道德，面子有点儿过不去，所以只好撑这个虚架子。究竟学校里面所讲的，在智育一面多，在德育一面少。就有几句修身伦理的话，只像唱戏，先要天官出场①。到底看戏，并不要看天官，跳天官的也不是有名脚色。学生听讲的，并不要听伦理修身的话，讲伦理修身的，也不见得是有道德的人。

诸君不要说兄弟的话太刻薄，只要自己问一问自己的心，再向上看一看那个教习，一定要说兄弟的话是先得我心了。如果揭开帘子，说几句亮话，只要说学校本来是为智育，并不是为德育。道德果然不可缺乏，却并不是学校的教育所能成就。诸君果然道德完具，也不能在学校里头，把道德送给他人。以后从事学校的教育，可以拿定主意，向智育一方去，不必再装门面，向德育一方去。

照以上的话，求学不过开自己的智，施教不过开别人的智，是最大的坦途了。既然求智，就应该把迷信打破。迷信不是专指宗教一项。但凡不晓得那边的实际，随风逐潮，胡乱去相信那边，就叫做迷信。中国十几年前，相信欧洲的学问，没有路去求，求着教士，就觉得教士是无所不知、无所不能。后来听得福建严几道②的话，渐渐把迷信教士的心破了，又觉得严几道无所不知无所不能。后来有游学日本的风气，渐渐把迷信严几道的心又破了，又觉得日本的博士、学士

---

① 先要天官出场：旧时演戏时的"开场戏"，称作《天官赐福》。

② 严复（1854—1921），字又陵，一字几道，福建侯官（今福州市闽侯县）人。留学英国海军学校，归国后任北洋水师学堂总教习，升总办。甲午战争后，主张维新变法，发表多篇政论文，并译《天演论》，号召人们救亡图存。有《痛飨堂诗集》《严几道诗文钞》等。

无所不知、无所不能。及到日本了，晓得分科，也知道一个人不能无所不知无所不能，但看日本全体的学者，依然觉得无所不知、无所不能。不是一边的迷信破了，一边的迷信又起么？欧洲所有各科的学问，日本人学了一科，到底能否登峰造极？没有欧洲的学者来对质，总不能破；就有欧洲的学者要来对质，不识得日本字，也难得破。

至于中国的各种学问，日本的深浅，兄弟已经略略看得明白了。现在也不必揭他人的短处，只说诸君回去施教，若信了日本的语，就要防防学生的伏兵。且看中国历史一项①，一部《纲鉴易知录》②，向来中国略读书的人，是看得最浅陋的。但到这边来听的历史，一部《支那通史》，翻来复去，缭绕了许多，比《易知录》更加浅陋。学校以外，就有几个讲历史的人，只记得一点儿事迹，许多正史的书志，早已抛在九霄云外，并不是专忘记细碎，连大端也实在不讲。万一学生看过《资治通鉴》，或者又看过几卷志，问出一句话来，先生不晓得，恐怕只好说："你在《图书集成》《册府元龟》里头翻来的僻事，我那里能够记得许多！"过了一会，学生就挈这部原书，折了一角，放在先生案上，岂不是遇着伏兵，没有处躲闪么！中国的地理，本来有许多沿革，有一位甚么博士，把湖北杨惺吾③做的《沿革图》钞

---

① "项"下原衍"国"字，据文义删。

② 《纲鉴易知录》，清代学者吴乘权编纂的简明中国通史读本。

③ 杨守敬（1839—1915），字惺吾，号邻苏，湖北宜都人。同治元年举人。曾在清驻日使馆任职，旅居日本数年。杨氏是清末舆地学的大家，其精心绘制的《历代舆地图》受到后世学者的褒扬。下文提及的《沿革图》即《历代舆地图》（一作《历代地理沿革图》），顾颉刚称此书为"我国历史地图里面空前的杰作"。在杨氏《历代地理沿革图》之后，采用新法绘制历史地图颇为流行。1897 年，日本人重野安绎、河田罴《支那疆域沿革图》出版，编绘了从夏到清代中国的历代政区变迁，是近代日本第一部采用现代西方绘图技术绘制的中国历史地图集。

去，改头换面，变为自己的著作，称为《支那疆域沿革图》，已经好笑了。还有那边画的中国地图，一省里头，胪列了许多府，却是缺了一两府；一府里头胪列了许多县，却是缺了一两县。所缺的府县，并不是于形势上无关紧要，所列的府县，又不是于形势上最关紧要，不过那边画图的人，精神错乱，偶然忘了。万一学生来问，某省的某府，某府的某县，现在在甚么方位？古来叫甚么名字？请问怎么样答对呢！只好说："恐怕没有这一府这一县，是你随口编造。"那个时候，学生取出中国自造的地图来对质，不是又遇了伏兵，到辙乱旗靡的地位么！中国的哲学，近的是宋明理学，远的是周末九流，近来那边人，也略略把周末九流随口讲讲。有一位甚么博士，做一部《支那哲学史》，把九流的话，随意敷衍几句，只像《西游记》说的猪八戒吃人参果，没有嚼着味，就囫囵吞下去。那边的人，自己有一句掩饰的话，说我们看汉土的书籍，只求他的义，不求他的文。这句话只好骗骗小孩儿。仔细说来，读别国的书，不懂他的文，断不能懂他的义。假如有人不懂德国文字，说我深懂得康德的哲学，这句话还入耳么？说是这样说，到底掩饰不过去。那位博士，不知不觉把《史记》里头"士为知己死"一句话，引做《论语》的话了。若是相信了这位博士的话，回去施教，学生随便举一句古书，问先生在那一部书？先生就不免对错。到后来学生取出《史记》《论语》来对校，说这句话，果在《史记》上，并不在《论语》上，我想先生只好说日本的《古本论语》，还在《汉石经》《唐石经》以前。有这句话，岂不是又遇着一路伏兵，把先生的脚都陷了下去么？中国的文法，本来句句顺的；那边的文法，是颠倒的居多。①所

———

① 此处指日语语法中谓语、宾语倒置的情况。

以那边几个大儒，做了几百年的汉文，文理总不很通。宋朝以后的文章，还勉强看得下去，唐朝以前的文章，就看不下去。他自己说，只求义不求文，到也罢了，却有一个什么学士，自出心裁，做了一册《汉文典》①，硬用那边的文法来强派中国的文法，有一大半不通。本来中国有一部《马氏文通》，做得颇好，近来有人说马氏的书旧了，到是这位学士的好。唉！真是好笑。别的有新旧，文字的通不通，也有新旧么？中国沿海的人，已经迷信了，只望内地的人和日本留学生救正几分。假如不能救正，反用了那学士的书做文法参考书，自己的文章也必定变做不通，何况去教学生？万一学生看了先生的文章，在墙背后指天画地的笑，先生怎么能够自己解说？恐怕只好说："现在的新文法，要不通才算通！"岂不是又遇了一路伏兵，使先生进退无门么？唉！真是苦，学生的伏兵狠多，先生的军备狠少。在中国做先生，不像日本做先生的容易，一边是学生程度已经整齐，一边是学生程度还没有整齐。入京师大学的，或者只有入得小学校的程度；入小学、中学的，或者也有入得大学校、高等学校的程度。先生的智识，要百倍于教科书，十倍于学生，方才支持得下。（为甚么比教科书要高百倍？比学生只要高十倍呢？因为学生的智识，颇有在教科书之上的。）不然，就一生要吃苦了！（这句话也并不专为应对学生起见，其实自己本来应该要有这种智识。）问这个苦是谁给你吃的？也怪不得日本教习，只怪自己迷信。

　　兄弟近来有几句话，使许多人解一解迷信。甚么话呢？说日本

---

　　① 《汉文典》，即日本汉学家儿岛献吉郎所著《中国文学通论》。儿岛献吉郎（1866—1931），日本汉学家，著有《中国文学史》《中国文学史纲》《中国文学通论》《中国诸子百家考》等。

人学欧洲的学问，第一是从欧洲人那边直接受来的；第二是懂得语言文字以后，再去研究的；第三是分科学习，不混在一起的，所以破绽还少。对着中国学问就不然，一向是不从中国学者亲受，也不学中国语言文字，也不知分科去求，所以做了一千多年的大梦，至今没有醒悟。还有许多自己不懂，向横滨、长崎的商人去问（这是二十年以前的事）。还有几个江湖游客，捏造许多古事古迹来，有意诳骗他们。以前是这边骗那边人，现在那边受了这边人的骗，又转来骗这边人。假如诸君见着几个商人游客，想来总不把学问的话去请教他。现在转了一个小湾，倒不知不觉入其玄中，自己想想，好笑不好笑？得了这一声笑，迷信自然瓦解冰消了。以上单说关于中国的学问，若关于欧洲的学问，想来必有破绽，且等欧洲人来破。

各种的迷信都破了，在求学上也有益，在施教上也有益。不过学问既然为求智慧，得了前人已成的学问，不可将就歇手，将就歇手，自己仍没有自己的心得。要知道智识与道德，原是不同，道德或者有止境，智识总是没有止境。以前的人，积了几千年的智识，后人得了这个现成，又发出自己的智识来，就比前人进了一级。现在看当时的后人，又是前人，应该要比他更进一级，学问才得新新不已。兄弟这句话，不是教人弃旧谋新，只是教人温故知新。大概看前人已成的书，仿佛是借钱一样，借了来，会做买卖，赢得许多利息，本钱虽则要还债主，赢利是自己所有。若不会做买卖，把借来的钱，死屯在窖子里头，后来钱还是要还债主，自己却没有一个赢余。那么就求了一千年的学，施了一千年的教，一千年后的见解，还是和一千年前一样，终究是向别人借来的，何曾有一分自己的呢？如果说自己没有，只好向别国去求。别国的学问，或者可以向别国去求，本国的学问，也能向别国去求么？就是别国的学问，得了来，还是借来的钱，必要想法子去求赢利，才得归自己享用。若只是向别国去求呢，中国人没有进境，去问欧洲人；欧洲人没有进境，又去问甚么洲的人呢？诸君现在所驻的这一国，他本来自己没有学问，所以只向别国去求，求得了以后，也不想再比那国的人更高，原是这一国的旧习使然。所以欧洲人好比写信的人；这一国的学生，好比接信的人；这一国的博士、学士，好比邮便局送信的人。到学生成就了，学生又做第二个送信的人，总是在送信的地位，没有在写信的地位。中国就不然，自己本来有自己的学问，只见一天精密一天，就是采取别国，也都能够转进一层。且看中国得欧洲的学问，以前只有算法一项，徐光启①送信以后，梅定九②又能够自己写信，李壬叔、华若汀③先做送信的人，后来又能够做写信的人。只望将来各项学问，都到写信的地位，那个求学施教的事，才得圆满呢！

临了还要说一句话。书籍不过是学问的一项，真求学的，还要靠书籍以外的经验；学校不过是教育的一部，真施教的，还要靠学问以外的灌输。现在只论施教的事，假如诸君知识，果然极高，在近来学校里头，能够不能够施展呢？恐怕不能！因为学校不论在公在私，都

---

① 徐光启（1562—1633），字子先，号玄扈，上海人。曾与意大利传教士利玛窦合译欧几里得《几何原本》。

② 梅文鼎（1633—1721），字定九，号勿庵，安徽宣城人。清初天文学家、数学家，著有《弧三角举要》《勾股举隅》等。

③ 华蘅芳（1833—1902），字若汀，江苏无锡人。清末数学家，曾翻译多种西方数学名著，后撰《抛物线说》《求乘数法》《数根演古》《循环小数考》《算学琐语》等数学著作。

受学部①管辖，硬要依着学部的章程，在外又还要受提学使的监督，学部和提学使，果然自己有一件专长的学问，倒也罢了，但现在学部是甚么人？看来不过是几个八股先生。各省的提学使是甚么人？看来不过是几个斗方名士。章程也不能定得好，监督也不能得当，不过使有知识的教习不能施展，反便宜了无智识的教习，去误一班学生。况且现在教习，对着提学使，隐隐约约有上司下属的名分，可不是和老教官一样么？别国虽然也有这一个风气，原不能说是好制度，中国向来教官只是个虚名，实在施教的，还是书院里头的掌教。掌教一来不归礼部管辖，二来不是学政和地方官的属员，体统略高一点。所以有学问的人，还肯去做。如果照现在的制度，智识高的人，反做智识短浅的人的属员，看甘心不甘心呢？或者为了饭碗，也甘心了，但临了必有许多后悔。且看四川有位廖季平②，经学是很有独得的（廖季平的经学，荒谬处非常多，独得也很不少。在兄弟可以批评他，别人恐怕没有批评他的资格），屈意去做高等学校的教习，偶然精神错乱，说了几句荒谬的话，那个提学使和他向来有恨，就把他赶走了。外边颇说提学使不是，兄弟看来，谁教这位季平先生屈意去做提学使的属员？直到赶走，悔之无及，到是这位季平先生自取其咎。假如诸君有一科的学问，和廖季平的经学有一样的程度，愿诸君再不要蹈廖季平的覆辙罢！

---

① 学部：清朝管理教育的部门。
② 廖平（1852—1932），原名登廷，字旭陔，继改廖平，字季平，四川井研人。早年师事王闿运。曾就教于龙安府学、尊经书院、国学专门学校等。四川提学使赵启霖因廖平多有穿凿附会之论，1909 年秋勒令各学堂不得延聘廖氏讲学。

《马氏文通》是我国第一部系统研究古代汉语的语法学著作。 该书主要依据古汉语材料，将西方语法学引入中国，创立了第一个完整的汉语语法体系，奠定了中国现代语言学的基础。 梁启超评价此书："中国之有文典，自马氏始。 推其所自出，则亦食戴学之赐也。" 马建忠（1845—1900），字眉叔，江苏丹徒人。 幼年在上海读书，曾学习拉丁文、希腊文、英文和法文，同时还学习了大量的自然科学知识。 1876 年，他被派往法国留学，进入法国巴黎大学学习法科，兼通声光电化等自然科学。 他"积十余年勤求探讨"，终于在 1898 年写成《马氏文通》。

诸君如果说，师范学生，受了官费，不得不尽义务，就不是师范学生，要寻饭碗，又怎么样呢？兄弟替诸君想一个法子。一面不妨充当教习，一面可以设个学会。学会不受学部的管辖，也不受提学使的监督，可以把最高的智识，灌输进去。后来有高深智识的愈多，又可以再灌输到学校去。这句话，并不是兄弟有意看轻学校，不过看中国几千年的历史，在官所教的，总是不好，民间自己所教的，却总是好。又向傍边去看欧洲各国，虽然立了学校，高深的智识，总在学

钱玄同（1887—1939），浙江吴兴人。 原名夏，字中季，少号德潜，后更为掇献，又号疑古、逸谷。 他是中国近代著名语言文字学家、思想家、教育家，也是"新文化运动"的代表人物之一。 1910 年 3 月 10 日，由章太炎、陶成章主办的《教育今语杂志》在日本创刊，钱玄同等人积极参与。 该刊是光复会重组后的通讯机关报，用白话文撰写，以"保存国故，振兴学艺，提倡平民普及教育"为宗旨。

校以外，渐渐灌输进去。学校也就带几分学会的性质，方得有好结果。大概学校仿佛是个陂塘，专靠陂塘，水总不免要干，必得外边有长江大河，展转灌输，陂塘才可以永久不涸。所以说学校不过是教育的一部，求学校的进步，必定靠着学校以外的东西。假如诸君又专去迷信学校，兄弟的话，也就无可说了！

常识与教育[①]

（1907 年至 1910 年讲于日本）

现在有许多人说："教育的第一步，就是使人有常识。"我说这句话是最不错，只可惜他们并不晓得甚么是常识。原来精深的学问，本来有两路：一路是晓得了可以有用的；一路是晓得了虽没有用，但是应该晓得的。譬如天上的北斗星，我识得了也无益，我不识得也无损；又像甲、子、乙、丑这种名目，排列下也没有利，排不下，像元朝的诏令，称子年作鼠儿年，称午年作马儿年，也没有害。这个就叫晓得了没有用，但虽是没有用，毕竟应该晓得，若不晓得，就算常识不完全。这是第二路的话。第一路是晓得了可以有用，看来总是应该晓得的，但也不能一定，因为事业是各人不同，作这一项事业的人，晓得了这件事就有用，作那一项事业的人，晓得了这件却没用。也有这一项人，晓得这一件事，到这一步田地，觉得常识已经有了；那一项人，晓得这一件事，到这一步田地，仍旧算常识缺乏的。并不说两个都是专门名家，只说两边都是通常人，也有这种差别。所以常识也难得定准。

且看中国古来，大概分人作士、农、工、商四项。这四件名目，原是管仲分出来的，和《周礼》也不同，和近日也不狠同。管仲所说

---

① 原载《教育今语杂志》第二册，1910 年 4 月 9 日出版，原题《社说》，署名独角，后载《章太炎的白话文》。

的士，只是豫备作官作书办的材料，今日却是各种读书的人，都叫作士。其余农、工、商大概相同。但《周礼》分人为九识，农人以外，要加上二项。一项是种菜种果的人，就叫作园圃；一项是培养木材柴薪的人，就叫作虞衡。这两项人，便统统叫作农人，也通得去，不过事业到底不同。还有一项，专作畜牧的人，叫做薮牧。更有一项，专作纺绩织纴的人，叫作嫔妇。这两项人，应该特别归一类的。其余工人商人，古今所同。此外《周礼》所说的臣妾，就是奴婢，这一项人，近来是渐渐少了。至于豫备作官作书办的人，和各种读书的人，依《周礼》看来，不过是一种闲民。大概士、农、工、商、薮牧、嫔妇六种，可以概全国的人了。在①这六种中间，又还有各项分别，所以各项人所要的常识，也就不同。比如士人不识得五谷的狠多，农人却多识得，如果农人不识五谷，就算不得农人。一国中间，原是农人最多，农人的种类，又没有工人、商人的繁，似乎农人所晓得的，别人也该个个晓得，那里知道分别五谷的常识，除了农人，只有米商、药商还略略备些，其余却多没有。这个也怪不得，就识得五谷，于他的事业上，没有用处，所以就不去理会。但是有句通融的话，不识得他的实，总须晓得他的名，就像五谷是那五项？本来正名是甚么？现在通名是甚么？晓得了这一点儿，就看见五谷的实形，不能分别，也就罢了。那里知道连这五项名目都不晓得的，还是尽多。这个真要算常识不备了。

　　至于工人、商人，种类是非常的多，自然这项工人，不晓得那项的手法，这项商人，不晓得那项的货物，本来不晓得也无害。却有一

---

　　① "在"，原作"把"，据文义改。

种人说，不懂得极深的算学，并不算常识不备，加减乘除开方都不懂得，就要算常识不备了。我说这句话颇不对，仿佛寻常买卖的商人，只要晓得加减乘除四率比例，也就够用，连开方法也用不着。至于做工人的，像木匠、石匠一流，就只晓得开方法，还不够用，到底少广句股必要晓得。固然现在的木匠、石匠，不是真正明白，但指着一件木器、石器问他，这边竖的是几数，这边横的是几数，你说那条斜弦应该几数，他对出来的，总没有甚么大差。就因为这个法子，他必定要晓得的，若不晓得，合不成一个器皿，造不成一架房屋，岂不是商人可以不晓得的，工人却必须晓得么？大凡一国中间少数人特晓得的，可以说不是常识。木匠、石匠并不是一国中少数的人，难道算术的常识，就到开方止？不过寻常教育的话，差不多是为闲民说法，所以说得地步极浅，但我看了也有几分不对。且看通常的读书的人，和打卦、行医的人，一样是闲民，本来差不多略读经典，除出经典以外，别的书原是各人各读。但这经典里头，通常的读书人，应该比打卦、行医的人，识得多一点儿。那里知道，《易经》里面各宫的卦，有一世、二世、三世、四世、五世、游魂、归魄的名目，打卦的人都晓得，通常读书人倒不能都晓得。《尔雅》里头说的月名，行医的都晓得，通常读书人倒不能都晓得。假如说打卦人记得各宫的卦，是因他的职业上不得不用，那么医生晓得月名，于他的职业有甚么相关？难道写了正月为陬、二月为如，药方就处得好，不写，药方就处得坏么？这种本来是经典头最明白的常识，通常读书人倒不知，打卦、行医的人倒知，这样看来，通常读书人的经典常识，反比不上打卦、行医的人，这就不能用职业的话去推委了。

现在也不要和打卦行医的人比较，且说古人的教育法，不过是礼、乐、射、御、书、数六种。到孔子以后，历史、地理、哲学、政治各项，都渐渐起来。射、御两种，近来用处固然是少。乐呢，大概少理会得的，但历代政府都还有太乐，就是民间用的乐器，也还不少。俗乐、雅乐，虽是不同，但是调子可以相转；洞箫、长笛，到底雅俗没有大差，也不该把近日的乐统统忘了，不过不甚要紧就是。礼的古今雅俗不同，比乐的古今雅俗不同，差数更大。但现在也有常行的礼，丧服一项，和古礼不同的，不过十分之三。其余古礼太烦重的，近来原不能行得去，不过称呼名号，却是要紧，断不可随俗乱写。所以礼比乐是要紧一点。惟有书、数两项，是一切学问的本根。论致用呢，致用也最广；论求是呢，求是也最真。书就一向唤作小学，数就一向唤作算学（本来汉朝也唤小学）。小学从宋朝以后，渐渐的衰落，到明朝就全没有。算学却到宋末反好起来。近来二百年间，小学、算学，是同时长进的，却是近二十年来，有算学知识的，比有小学知识的反多。要两项双提起来，也还不难。最可笑是那一班讲政治的人，小学算学都不懂。对着算学，因为外国人原是精的，还不敢菲薄，对着小学，自己不懂，还要加意的诽谤。

总之，讲政治的人，常识实是不备，也不必多说了。讲了政治呢，法理学、政治学的空言，多少记一点儿，倒是中国历代的政治，约略有几项大变迁，反不能说。这还算是久远的事情，只问现在的政治，几种的款目，几种款目中间，真正的利弊在那里，又说不出来。看来他们所说的政治法理，像一条钱串绳子，只得一条绳子，并没有一个钱可穿。没有钱，只有绳子，也罢了，又不豫先想想，钱孔有多少大，这条绳子穿得进穿不进？钱有多少重，这条绳子会顿断不会顿断？就是钱都备了，这条绳子，还未见用得着，只好在没钱的时候，用这条空绳子，盘弄盘弄就是。政治本来不是最深的学问，还不能说，他的常识在那里呢？

再说历史。历史本来是方格的，不是圆遍的，自然晓得本国的历史，才算常识；不晓得本国的历史，就晓得别国的历史，总是常识不备。但近来人把拿破仑、华盛顿都举得出来了，李斯、范增倒反有举不出的，这种原是最下等的人。高一点儿的呢，晓得欧洲诗人文豪的名字，却不晓得中国近二百年来，文章谁是最高；晓得欧洲古代都卷发，却不晓得中国汉朝是箸怎么样的衣冠。这还算有历史的常识么？

再说地理，个个人都晓得五大洲的名和欧洲美洲各国的名了，倒问中国各省，湖南、湖北，本来不到两广的地面，为甚么两湖总督，称为湖广总督呢？江西省只在江南，为甚么为江西呢？却是不能对的尽多。这还算有地理的常识么？哲学本来不必个个都晓得，只问倍根、笛佧尔，你都晓得了，近代中国讲理学的，那几位算成就？梭格拉地、柏拉图，你都晓得了，中国七国时候的九流，你也数一数看，若说得不对，就算没有常识了。所以我曾经对着好讲常识的人，发几条策问：

先问：老兄有经典常识么？说：有！那么就问：

《周礼》说的吉、凶、宾、军、嘉五礼，能把《仪礼》十七篇去分配么？

现在《尚书》五十八篇，那几篇是真？那几篇是假？

《周礼》的六官，和近代的六部，怎么样的不同？

《春秋》的三传，那一家的传最先成？那一家的在第二次？那一家的在第三次？郑司农是甚么人？

再问：老兄有历史的常识么？说：有！那么就问：

二十四史，那几部有本纪有表有志？那几部没有本纪？

那几部没有表？那几部没有志？

欧洲人在甚么时候初通中国？

从秦朝到现在，那一代有丞相？那一代没丞相？

从秦朝以后，那几代郡县都有学校？那几代没有？

古来所说的井田法，到甚么时候真正废了？

再问：老兄有地理的常识么？说：有！那么就问：

汉朝有郡县的地方，比现在中国本部大小广陋是怎么样子？

明朝两京十三省的地方，比现在中国本部大小广陋是怎么样子？

中国现在的人口，照本部地面分起来，一个人该有几亩田？

苗人真是上古的三苗么？

中国各省，为甚么大小不同到这个样子？

再问：老兄有清代政治的常识么？说：有！那么就问：

清初设大学士的衙门有几个？

清初有几个布政使？

制币本来只有铜钱，为甚么赋税反用银子计算？

正税是那几件？

从九品未入流的俸银，为甚么比兵反少？

再问：老兄有礼俗的常识么？说：有！那么就问：

独子兼祧的制度，从甚么时候起来？到底合不合呢？

生母的父母兄弟，儿子都不认作外亲，照法律应该怎么样？

甚么时候才有偶像？

甚么时候才有沙糖？

甚么时候才有卓子、倚子？

上边问的几件，原是最平淡的常识，并不像从前考博学宏词、出"五六天地之中合"的题目。现在考留学生，出"汉之尧舜禹汤"的题目，去难那班《汉书》不熟的人，那种就不晓得，也不好十分责备。这种却是不同。若去翻书，也容易对得出，不过既然唤作常识，应该当面问了，当面对得出来。如果当面对不出来，就算常识缺乏。

所问的不过随便摭拾几件，也并不是就止于此。诸如此类，大概有几百条。这种本来是士人应该晓得的。那些农人、工人、商人所应该晓得的，尽有在这几件以外，不过这几件，农人、工人、商人例不必一概晓得，所以说常识也看职业去分。若说农人、工人、商人所不必晓得的，就不是常识，士人也可以不必晓得，那就应该问他：农人、工人、商人所晓得的，你也能够晓得么？既然不晓得那几件，自然要晓得这几件，岂可以再少呢！本来士人原是闲民，闲民既然没有事，有空儿去求知识，知识本来该比农人、工人、商人富一点。但现在也不过一有一无，照这样看来，就最下级的常识，也是无边，难得理会许多，不是分明为职业所限。不过职业里头所应该晓得的，万不能少。就职业论常识，说得广了，又是无边。所以我说，这要本国人有本国的常识，就是界限。古人说的，"切问近思"这句话最不错。有了这种常识，好广的再求广，好精的再求精，那是渐渐的远去，渐渐的上去了。若是不然，专好精的，或者弊病还少；专好广的，就是全然空虚。譬如一滴的水，吹成一个大泡，外面看来虽大，中间纯然没有，那个弊病就狠多哩！

大概常识，总是从书、数起，后来再晓得一点历史，这就是不得不过的关。书并不是要真成就小学家，数并不是要真成就算学家，历史并不是要真成就史学家，不过晓得大概。现在的教科书，只有算学还像样，历史真是太陋。（只有夏曾佑所作《中学历史教科书》，比别人不同，可惜他所发明的，只有宗教最多，其余略略讲一点儿学术，至于典章制度，全然不说，地理也不分明，是他的大缺陷。但近来的教科书，这样也算好了。）小学更是全然不讲，到底总是个空架子。有一班胡乱的人，乱扯几句佛经的话，说"离绝语言文字"。我说果然能够离绝语言，自然可以离绝文字，只问现在能够离绝语言么？况且离绝语言文字，就该把一切书都不读，为甚么还去读别的书？佛经的话，本是说到最高一层，不是可以随便扯来当通俗用。就像庄子说的："得鱼忘筌，得兔忘蹄。"原是说得了鱼兔以后，可以不用筌蹄，并不说不用筌蹄，可以得到鱼兔。鱼兔既得到了，不要第二回再求鱼兔，筌蹄固然可弃了，若第二回还要再求鱼兔，仍旧不得不用这个筌蹄。

语言文字，也是这样看，第一回用语言文字去表意见，意见已经明白，固然可以不再加语言文字。但人的一生，意见没有尽的一日，第二回还是要表意见，仍还要用着这个语言文字。要用语言文字去表意见，这个语言文字就不能不讲究，也像要用筌蹄去求鱼兔，这个筌蹄就不能不造得精巧。现在第一总要把六书懂得，明了本义本形，再讲音韵，懂得音韵，假借的道理就明白，那么才得不写别字，不说乱话。孔子说的："必也正名乎！"甚么叫正名？古人唤字作名，正名就是讲究六书，也只把近人所注的《说文》《尔雅》《方言》《广雅》和几部讲古韵的书看看，就有眉目，若要编作课本，也是不难。

书、数通了，就要讲历史。历史原是繁博的东西，简约的说起来，也有头绪。看历史不是只要记得秦朝汉朝的名号，也不是只要记得出名的帝王出名的将相。纪传本是以人为主，评量人物，虽不可少，但人物有各种各色，若专去仰慕英雄，就鄙倍的极了。大概历史中间最要的几件，第一是制度的变迁；第二是形势的变迁；第三是生计的变迁；第四是礼俗的变迁；第五是学术的变迁；第六是文辞的变迁；都在志和杂传里头（甚么叫做杂传？像《游侠列传》《货殖列传》《滑稽列传》《儒林列传》《文苑列传》《方术列传》《逸民列传》，都叫做杂传。但最出色的人，又格外有传）。把这几件为纬，历年事候为经，就不怕纷无头绪。只是编起教科书来，经不过占了四分之一，纬倒要占了四分之三。本来历史最重的是书、志，现在也该照这条路编去。此外姓氏有汉姓虏姓的不同，律历也有各代的差异，这种要专家才得理会，初学也没有心思去记他，只得将就说说罢了。我看算学近来颇明，只六书和历史，却没有教科书（历史教科书就有也不能算），自然难怪学生常识不备阿！

临了再说一句要紧话：常识不是古今如一，后来人的常识，应该胜过古人，但要求一代一代的人，常识展转增进，就不可使全国只有常识的人，必要有几十个独到精微的学者，想成一种精致的理，平易透露的说出来。在自己想的非常难，叫后生学的非常易，那么常识就可以展转增进了。

也不举远的为说，就举书、数、历史三项，你看宋朝到明朝七百年间，韵学是非常模胡，今韵尚且难得理会，何况古韵？至于文字训诂，也都衰弊到极处，后来有顾炎武作《音学五书》、段玉裁注《说文解字》，当时两位先生都费几十年的功夫，才得作成。到近来顾氏、段氏的话，就变为常识了。《九章》所说的圆率，径一周三，非常粗疏，后来汉朝的刘歆、张衡，三国的刘徽、王蕃，都去自立密率，总有点儿不对，及到宋朝（上接晋朝的宋朝，不是下接元朝的宋朝）祖冲之，才有一定的圆率。《九章》里面，本有盈朒①方程两法，可以驭得错杂隐没的数，但布算非常繁碎。及到元初有李冶、朱世杰儿家，想出天元四元的法子来，布算也就简易。当初几位先生，不晓得耗多少心血，费多少年月，才想得这种法子出来。到近来祖氏圆率，万国通行，李氏、朱氏的天元四元，传到印度以西，演为代数，也就变常识了。向来正史是纪传体，要晓得事迹先后，一时却不容易，及到宋朝（下接元朝的宋朝）司马光撰成一部《资治通鉴》，不但年月的先后，看了憭然，就是日子的先后，也都明白。向来正史虽有书志，也往往有不备的，就是有书志的史，还不能记得周详。及到唐朝杜佑，再取各数典的书，编成一部《通典》，把前代的典章制度，统统明白。当时两位先生，也是寝食俱废，才得作成这书。到近来就像案图索骥的容易，也变为常识了。这样说常识到这步田地就了么？也还不了！且看诸家以后，补他的罅漏的也还多。再创一种精密的条例的也还有，所以说必要有几十个独到精微的学者，才得使后生的常识，展转增进。

若全国只有常识的人，古今就永远只有这等的常识，岂不是壅滞不流的样子么！但胡乱自命政治家的人，自己不肯去作费心的事体，也不愿别人去作费心的事体。子细想想看，成就一个政治家，比成就一个围棋国手，那个能力差得狠远。为甚么原故呢？向来

---

① 《九章算术·盈不足》"盈不足"晋刘徽注："盈者谓之朓，不足者谓之朒。"

说："君子求诸己。"又说道："仁者先难而后获。"围棋国手，是求诸己的，政治家却是因人成事；围棋国手，是先难后获的，政治家却是坐享现成。就有几个削平大难开倡法度的，要用一点自己的智力，但总是看机会成事，到底比不上围棋国手。作学者譬如作围棋国手，教人增进常识，譬如刻棋谱给人看，与政治家的法子全然不同。就政治上看来，就常识永远没得增进，也是不大要紧，不过全国的大计，本不是专靠政治。现在讲教育的话，须要把那种短见陋想打开。

我这两句话，诸位朋友都要记在心里：说没有独到精微的学者，就没有增进的常识；没有极好的著作，就没有像样的教科书。

夏曾佑（1863—1924），字穗生，号穗卿，又号碎佛，浙江杭州人。 父夏鸾翔，是与李善兰、戴士询共同闻世的杭州算学大家。 夏曾佑读书涉猎广泛，对今文经学、佛学、乾嘉汉学、诗文以及外国的史地文化、自然科学类知识，都有相当的精研。 1904 年，夏曾佑的《中国历史教科书》出版，是中国第一部运用近代进化史观分阶段叙述中国历史的新式历史著作。

救学弊论①

（1924 年）

士先志，不足以启其志者，勿教焉可也。尊其所闻则高明，行其所知则光大，不足以致高明光大者，勿学焉可也。末世缀学，不能使人人有志，然犹什而得一，及今则亡。诸学子之躁动者，以他人主使故然，非有特立独行如陈东、欧阳澈者也。且学者皆趣侧诡之道，内不充实，而外颇有谀闻，求其以序进者则无有，所谓高明光大者，亦殆于绝迹矣。

凡学先以识字，次以记诵，终以考辨，其步骤然也。今之学者能考辨者不皆能记诵，能记诵者不皆能识字，所谓无源之水，得盛雨为潢潦，其不可恃甚明。然亦不能尽责也。识字者古之小学，晚世虽大学或不知，此在宋时已然。以三代之学明人伦，则谓教字从孝，以《易》之四德元合于仁，则谓元亦从人从二，此又何责于今之人邪？若夫记诵之衰，仍世而益甚，则趣捷欲速为之。盖学问不期于广博，要以能读常见书为务。宋人为学，自少习群经外，即诵荀、扬、老、庄之书。自明至清初，虽盛称理学经学者，或于此未悉矣。

明徐阶为聂豹弟子，自以为文成再传，亦读书为古文辞，非拘于王学者。然陈继儒《见闻录》载其事，曰："吾乡徐文贞督学浙中，有

① 原载 1924 年 8 月 25 日《华国月刊》第一卷第十二期。

秀才结题用'颜苦孔之卓'语。徐公批云'杜撰'，后散卷时，秀才前对曰：'此句出《扬子·法言》。'公即于台上应声云：'本道不幸科第早，未曾读得书。'"是明之大儒未涉《法言》也。清胡渭与阎若璩齐名，于《易》知《河》《洛》先天之妄，于《书》明辨古今水道，卓然成家。然《尚书》蔡沈《传》有云："陟方乃死，犹言殂落而死。"胡氏以为文义不通，不悟殂落而死语亦见《法言》。且扬子于《元后诔》亦云"殂落而崩"，以此知《法言》非有误字，必以文义不通为诟，咎亦在扬子，不在蔡沈矣。是清初大儒未涉《法言》也。夫以宋世占毕之士所知，而明清大儒或不识，此可谓不读常见书矣。自惠、戴而下，诵览始精，有不记必审求之，然后诸考辨者无记诵脱失之过。顾自诸朴学外，粗略者尚时有。章学诚标举《文史校雠》诸义，陵厉无前，然于《汉·艺文志》儒家所列平原老七篇者误仞为赵公子胜，于是发抒狂语，谓游食者依附为之，乃不悟班氏自注明云朱建，疏略至是，亦何以为校雠之学邪？是亦可谓不读常见书者矣。如右所列，皆废其坦途，不以序进，失高明光大之道。然今之学者又不必以是责也。

吾尝在京师，闻高等师范有地理师，见日本人书严州宋名睦州，因记方腊作乱事，其人误以方腊为地名，遂比附希腊焉。而大学诸生有问朱元晦是否广东人者，有问《段氏说文注》是否段祺瑞作者，此皆七八年前事，不知今日当稍进邪？抑转劣于前邪？近在上海闻有中学教员问其弟子者，初云孟子何代人，答言汉人，或言唐宋明清人者殆半。次问何谓五常，又次问何谓五谷，则不能得者三分居二。中学弟子既然，惧大学过此亦无几矣。

然余观大学诸师，学问往往有成就者，其弟子高材勤业亦或能传其学，顾以不及格者为众，斯乃恶制陋习使然。制之恶者，期人速悟，而不寻其根柢，专重耳学，遗弃眼学，卒令学者所知，不能出于讲义。习之陋者，积年既满，无不与以卒业证书，与往时岁贡生等。故学者虽惰废，不以试不中程为患。学则如此，虽仲尼、子舆为之师，亦不能使其博学详说也。夫学之弇鄙，无害于心术，且陋者亦可转为娴也。适有佻巧之师，妄论诸子，冀以奇胜其侪偶，学者波靡，舍难而就易，持奇诡以文浅陋，于是图书虽备，视若废纸，而反以辨丽有称于时。师以是授弟子，是谓诬徒，弟子以是为学，是谓欺世，斯去高明光大之风远矣。其下者或以小说传奇为教，导人以淫僻，诱人以倾险，犹曰足以改良社会，乃适得其反耳。苟征之以实，校之以所知之多寡，有能读《三字经》者，必堪为文学士，有能记鲍东里《史鉴节要便读》者，则比于景星出黄河清矣。

老氏云：大道甚夷而民好径。夫学者之循大道亦易矣，始驱之于侧诡之径者，其翁同龢、潘祖荫邪？二子以膏粱余荫，入翰林为达官，其中实无有。翁喜谈《公羊》，而忘其他经史；潘好铜器款识，而排《说文》，盖经史当博习，而《说文》有检柙，不可以虚言伪辞说也。以二子当路，能富贵人，新进附之如蚁，遂悍然自名为汉学宗。其流渐盛。康有为起，又益加厉。谓群经皆新莽妄改，谓诸史为二十四部家谱。既而改设学校，经史于是乎为废书，转益无赖，乃以《墨子·经说》欺人，后之为是，亦诚翁、潘所不意，要之始祸者必翁、潘也。

他且勿问，正以汉学言之。汉人不尽能博习，然约之则以《论语》《孝经》为主，未闻以《公羊》为主也。始教儿童皆用《仓颉篇》，其后虽废，亦习当时隶书，如近代之诵《千字文》然，未闻以铜器款识为教也。盖为约之道，期于平易近人，不期于吊诡远人。今既不能淹贯群籍，而又以《论语》《孝经》《千字文》为尽人所知，不足以为名高，于是务为恢诡，居之不疑，异乎吾所闻之汉学也。子夏曰："贤贤易色，事父母能竭其力，事君能致其身，与朋友交言而有信，虽曰未学，吾必谓之学矣。"子夏为文学之宗，患人不能博习群经，或博习而不能见诸躬行，于是专取四事为主。汉世盖犹用其术。降及明代，王汝止为王门高弟，常称见龙在田，其实于诸经未尝窥也。然其所务在于躬行，其言"学是学此乐，乐是乐此学"者，为能上窥孔颜微旨。借使其人获用，亦足以开物成务，不必由讲习得之。所谓操之至约，其用至博也。诚能如是，虽无识字、记诵、考辨之功何害？是故汉宋虽异门，以汉人之专习《孝经》《论语》者与王氏之学相校，则亦非有殊趣也。

徐阶政事才虽高，躬行不逮王门耆旧远甚，即不敢以王学文其弇陋之过。且其职在督学，督学之教人，正应使人读常见书，己不能读而诸生知之，于是痛自克责，是亦不失为高明光大也。若翁、潘之守《公羊》、执铜器，其于躬行何如？今之束书不观，而以哲学墨辨相尚者，其于躬行复何如？前者既不得以汉学自饰，后者亦不得以王学自文，则谓之诳世盗名之术而已矣。是故高明光大之风，由翁、潘始绝之也。

夫翁、潘以奇诡眇小为学，其弊也先使人狂，后使人陋。尽天下为陋儒，亦犹尽天下为帖括之士，而其害视帖括转甚。则帖括之士不敢自矜，翁、潘之末流敢自矜也。张之洞之持论，蹈乎大方，与翁、潘不相中，然终之不能使人无陋，而又使人失其志，则何也？凡学者贵其攻苦食淡，然后能任艰难之事，而德操亦固，汉宋之学者皆然。明虽少异，然涉艰处困之事，文儒能坦然任之。其在官也，虽智略绝人，退则家无余财，行其素而不以钓名，见于史传者多矣。

张之洞少而骄蹇，弱冠为胜保客，习其汰肆，故在官喜自尊，而亦务为豪举。以其豪举施于学子，必优其居处，厚其资用，其志固以劝人入学，不知适足以为病也。自湖北始设学校，其后他省效之，讲堂斋庑备极严丽，若前世之崇建佛寺然，学子家居无是也。仆从周备，起居便安，学子家居无是也。久之政府不能任其费，而更使其家任之，学子既以纷华变其血气，又求报偿，如商人之责子母者，则趣于营利转甚。其后学者益崇远西之学，其师或自远西归，称其宫室舆马衣食之美，以导诱学子。学子慕之，惟恐不得当，则益与之俱化。以是为学，虽学术有造，欲其归处田野，则不能一日安已。自是惰游之士遍于都邑，唯禄利是务，恶衣恶食是耻，微特遗大投艰有所不可，即其稠处恒人之间，与齐民已截然成阶级矣。向之父母妻子，犹是里巷翁媪与作苦之妇也。自以阶级与之殊绝，则遗其尊亲，弃其伉俪者，所在皆是。人纪之薄，实以学校居养移其气体使然。

观今学者竞言优秀，优秀者何？则失其勇气，离其淳朴是已。虽然，吾所忧者不止于庸行，惧国性亦自此灭也。夫国无论文野，要能守其国性，则可以不殆。金与清皆自塞外胜中国者也，以好慕中国文化，失其朴劲风，比及国亡，求遗种而不得焉。上溯元魏，其致亡之道亦然。蒙古起于沙漠，入主中夏，不便安其俗，言辞了戾，不能成汉语，观元时诏书令旨可知。起居亦不与汉同化，其君每岁必出居上都，及为明所覆，犹能还其沙漠，与明相争且三百年。清时蒙古已弱，而今喀尔喀犹独立也。匈奴与中国并起，中行说告以勿慕汉俗，是故匈奴虽为窦宪所逐，其遗种存者犹有突厥、回纥横于隋唐之间，其迁居秦海者，则匈牙利至今不亡。若是者何也？元魏、金、清习于汉化，以其昔之人为无闻知，后虽欲退处不毛，有所不能。匈奴、蒙古则安其士俗自若也。夫此数者悉野而少文，保其野则犹不灭，失其野则无噍类，是即中国之鉴矣。

中国人治之节，吾所固有者已至文，物用则比于远西为野。吾守其国性，可不毙也。今之学子慕远西物用之美，太半已不能处田野。计中国之地，则田野多而都会少也。能处都会不能处田野，是学子已离于中国大部，以都会为不足，又必实见远西之俗行于中国然后快。此与元魏、金、清失其国性何异？天诱其衷，使远西自相争，疮痍未起，置中国于度外耳。一日有事，则抗节死难之士必非学子可知也。且夫儒者柔也，上世人民刚戾，始化以宗教，渐又化以学术，然后杀伐之气始调。然其末至于柔弱，是何也？智识愈高，则志趣愈下，其消息必至于是也。善教者使智识与志趣相均，故不亟以增其智识为务，中土诸书皆是也。今之教者唯务扬其智识，而志趣则愈抑以使下，又重以歆慕远西，堕其国性，与啖人以罂粟膏，醉人以哥罗方，无以异矣。推学者丧志之因，则张之洞优养士类为之也。

吾论今之学校先宜改制，且择其学风最劣者悉予罢遣，闭门五年然后启，冀旧染污俗悉已涤除，于是后来者始可教也。教之之道，为物质之学者，听参用远西书籍，唯不通汉文者不得入。法科有治国际法者，亦任参以远西书籍授之。若夫政治经济，则无以是为也。然今诸科之中，唯文科最为猖披，非痛革旧制不可治。微特远西之文徒以绣其鞶帨，不足任用而已，虽所谓国学者，亦当有所决择焉。夫文辞华而鲜实，非贾傅、陆公致远之言。哲学精而无用，非明道定性、象山立大之术。欲骤变之，则无其师，固不如已也。说经尚矣，然夫穷研训故，推考度制，非十年不能就。虽就或不能成德行，不足以发越志趣。必求如杜林、卢植者以为师，则又不可期于今之教员也。此则明练经文，粗习注义，若颜之推所为者，亦可以止矣。欲省功而易进，多识而发志者，其唯史乎？其书虽广，而文易知，其事虽烦，而贤人君子之事与夫得失之故悉有之。其经典明白者，若《周礼》《左氏内外传》，又可移冠史部，以见大原，昔段若膺欲移《史记》《汉书》《通鉴》为经，今移《周礼》《左氏》为史，其义一也。其所从入之途，则务于眼学，不务耳学。为师者亦得以余暇考其深浅也。如此则诡诞者不能假，慕外者无所附，顽懦之夫亦渐可以兴矣。厥有废业不治、积分不足者，必不与之卒业证书。其格宜严而不可使滥，则虽诱以罢课，必不听矣。

然今之文科，未尝无历史，以他务分之，以耳学囿之，故其弊有五：

一曰尚文辞而忽事实。盖太史兰台之书，其文信美，其用则归于实录，此以文发其事，非以事发其文，继二公为之者，文或不逮，其事固粲然。今尚其辞而忽其事，是犹买珠者好其椟也。

二曰因疏陋而疑伪造。盖以一人贯串数百年事，或以群材辑治，不能相顾，其舛漏宜然，及故为回隐者，则多于革除之际见之，非全书悉然也。《史通》曲笔之篇，《通鉴》考异之作，已往往有所别裁。近代为诸史考异者，又复多端，其略亦可见矣。今以一端小过，悉疑其伪，然则耳目所不接者，孰有可信者乎？百年以上之人，三里以外之事，吾皆可疑为伪也。

三曰详远古而略近代。夫羲农以上，事不可知，若言燧人治火，有巢居橧，存而不论可也。《尚书》上起唐虞，下讫周世。然言其世次疏阔，年月较略，或不可以质言。是故孔子序《甘誓》以为启事，墨子说《甘誓》以为禹事，伏生、太史公说《金縢》风雷之变为周公薨后事，郑康成说此为周公居东事，如此之类，虽闭门思之十年，犹不能决也。降及《春秋》，世次年月，始克彰著。而迁、固以下因之，虽有

翁同龢（1830—1904）　　　潘祖荫（1830—1890）

翁同龢，字声甫，一字均斋，号叔平，又号瓶生，晚号松禅老人，江苏常熟人。体仁阁大学士翁心存之子。 咸丰六年（1856年）状元及第。 此后历仕咸丰、同治、光绪三朝，曾充当同治帝和光绪帝的师傅，并两入军机处，参与内政外交的决策。 他尤其在甲午战争中坚决主战，被视为"帝党"的代表，晚清清流派中"后清流"的领袖。 甲午战败后，他主张变法图强，并于光绪二十四年（1898）起草"定国是诏"，拉开百日维新的序幕。 但不久即被勒令开缺回籍，百日维新失败后被革职编管，永不叙用。 光绪三十年（1904），翁同龢去世，享年七十五岁。 宣统元年（1909）开复原官。

潘祖荫，字伯寅，一字东镛、凤笙，号郑盦、龟盦、龙威洞天主，江苏吴县（今苏州）人。 为状元潘世恩孙，内阁侍读潘曾绶之子，咸丰二年一甲三名进士，授编修。 初仕咸丰朝，官至光禄寺卿。 同治年间，任左副都御史等职。 光绪八年（1882）以太子少保、刑部尚书任军机大臣。 翌年以父丧解职。 后又任兵部、工部尚书等职。 光绪十六年（1890）卒，赠太子太傅，谥号"文勤"。

异说，必不容绝经如此矣。好其多异说者，而恶其少异说者，是所谓好画鬼魅，恶图犬马也。不法后王而盛道久远之事，又非所以致用也。

　　四曰审边塞而遗内治。盖中国之史自为中国作，非泛为大地作。

域外诸国与吾有和战之事，则详记之，偶通朝贡则略记之，其他固不记也。今言汉史者喜说条支、安息，言元史者喜详鄂罗斯、印度，此皆往日所通，而今日所不能致。且观其政治风教，虽往日亦隔绝焉。以余暇考此固无害，若徒审其踪迹所至，而不察其内政军谋何以致此，此外国之人之读中国史，非中国人之自读其史也。

五曰重文学而轻政事。夫文章与风俗相系，固也。然寻其根株，是皆政事隆污所致，怀王不信谗，则《离骚》不作，汉武不求仙，则《大人赋》不献。彼重文而轻政者，所谓不揣其本，求之于末已。且清谈盛时，犹多礼法之士；诗歌盛时，犹有经术之儒。其人虽不自襮于世，而当世必取则焉。故能持其风教，调之适中。

今徒标揭三数文士，以为一时士俗，皆由此数人持之，又举一而废百也。扬榷五弊，则知昔人治史，寻其根株。今人治史，摭其枝叶。其所以致此者，以学校务于耳学，为师者不可直说事状以告人，是以遁而为此。能除耳学之制，则五弊可息，而史可兴也。

吾所以致人于高明光大之域，使日进而有志者，不出此道。史学既通，即有高材确士欲大治经术，与明诸子精理之学者，则以别馆处之。诚得其师，虽一二弟子亦为设教。其有豪杰间出，怀德葆真，与宋明诸儒之道相接者，亦得令弟子赴其学会。此则以待殊特之士，而非常教所与也。能行吾之说，百蠹千穿，悉可以使之完善。不能行吾之说，则不如效汉世之直授《论语》《孝经》，与近代之直授《三字经》《史鉴节要便读》者，犹愈于今之教也。

历史的价值[①]

（1920 年 10 月 30 日在湖南教育会讲演）

我讲学素不主张绝对的，因为他与社会不相应。今天湖南教育会请我讲演。所谓教育者，不仅学校，学校以外，凡是教育人才的，皆是教育。

湖南人才狠多，清有曾、左、胡等，明有夏元吉、刘大夏、李东阳，他们学问从哪里得来的呢？明人所读的书不可考。清朝曾国藩得力于《文献通考》，胡林翼得力于《资治通鉴》，左宗棠得力于《方舆纪要》。三书看来不甚高深，何以他们读之效力如是其大呢？我以为读书另有注重的地方，无论教育、学术，要与本身有关系，才可作用。科学只能为个人用，旧学也只能为个人用。经学徒有其名，只可考古，与今世无干。纯粹哲学无论中外都是空的，比较上只有王阳明的稍切用，因为他是一边讲学，一边做事。但此非根本之法。根本之法只有讲历史，其余都用不着。

各种科学是世界公共的，独历史各国有各国的。引起爱国心，非历史不可。辛亥革命排满，就是由历史来的，不是由学理来的。人不读历史，则无爱国心。且历史记载得失成败如棋谱一样。现今各督军，以至袁世凯，俱不懂历史，故做事失败。唐继尧之于川事，陆荣

---

①　由宸主笔记录，载《大公报》（长沙）1920 年 11 月 10 日。

廷之于粤事，强拂民心，故均失败，其不知顺人心，即是不懂历史。然则历史是人心之结晶体，孙中山虽稍好，亦不懂历史，如主张土地国有，就是一证。土地国有是美治菲律宾的办法，是宗主国治属国的办法。孙中山乃要施于中国，岂不是不懂历史吗？违反人情就是违反历史，道理是一样的。人情看不出，历史可以看出来。袁世凯称帝，就是不懂历史。自古做皇帝的有两种，一种是使人畏威，如秦始皇、汉高祖、明太祖等；一种是使人感恩，如宋太祖等。使人畏威者，可以唤做好汉；使人感恩者，可以唤做恩人。有此两件，然后可以称帝。袁对外则低头，对内则乱杀，而要称帝，岂不是不懂历史吗？（中略）

湖南明朝的人则不可知，清朝的人则学问都是由历史得来的。用功学各科不过是成一学者，于世界无大益处，历史则不然。有人反对历史，说是过去的历史，帝制的历史。但历史不是要人一步一趋，都学古人。学棋谱者下棋不能呆照棋谱，必须临机应变。历史也是一样。历史可以两语括之曰"天之所助者顺，人之所助者信"。不顺不信，未有不败。曾、左打洪、杨，助满人打汉人，不能算顺，但为保全桑梓，可说是信，有五分顺十分信，就可成功，况且顺信十全者么。今日社会扰乱之源，就是因为人做事不顺不信。今日社会有所谓优胜劣败，懂历史者为优，不懂历史者为劣。湖南历史程度很高，以后求学仍应从历史入手，其他利学经学都可从缓。诸子书不过造就个人而已，如王阳明的哲学有主观而无客观。历史则主观客观都有。教育应有方针，方针应从历史着手。

在金陵教育改进社演讲
劝治史学并论史学利弊^①

（1924 年 7 月上旬）

此会为教育改进社，教育改进之道甚多，而鄙人独提史学者，诚以史学乃对证发药，为补救时弊之良法。

中国学校，各科俱备，独于史学徒有虚名，浮浅之讥，在所难免。革命以来，学校林立，究其实际，则所谓教者，每多不能保存国性，发扬志趣，兹二者教育之根本。然发扬志趣，不可必其能与智识双方并进，读书有时反足以贻害，因智识发达，而志趣卑下者有之。教育之善者，志趣与智识，可以平均发展。否则如英之于印度，法之于安南，以英法文施教而消灭其国民性者是也。吾国国内当无此现象，然趋向一误，每不免入于此途，物质之嗜欲增，空谈之言论者，哲学流为清谈，科学成为玩物丧志。古昔教育，志趣智识，尚得平均发展，奸恶之辈，未始非自教育中出。孔门则冉有为季氏聚敛，华歆出自郑康成之门，邢恕出自程明道之门，其学虽坏，尚不至一无所能，进取之志趣固犹在也。乃近世教育，不痛不痒，志趣消磨，竟成为吃鸦片式之教育矣。所谓保存国性者，则吾国教育固非安南、印度可比，然溯学校设立之始，则为敷衍外人，

———————
① 由程宗潮记录，载《新闻报》1924 年 7 月 20 日"教育新闻增刊"，此标题为编者所拟。

在外交危岌之时，养成外交人才，其目的不过尔尔。近则外人已不复如前此之歧视吾国，惟其流毒则模仿外人，除少数学校外，其余一律重视外国文，束发之童，口诵耳习者，即为外国文，欲国性之不沦亡不可得也。

欲保存国性，则不能处处同化于外人。匈奴人之在华者，为汉人所同化，而匈奴之种性即沦灭，其入欧洲之一部分，至今犹为匈牙利人，保持其野蛮民性。稽诸史乘，金、清自入关后，起居饮食，礼乐法制，同化于汉，勇敢之风灭，而今则东三省女真与爱新觉罗民族之遗风，已荡然无存，有清灭后，不能退守关外者此也。蒙古人不喜全学汉人，除一部分语言文字外，当其据有中原时，岁常一至漠北，度其冰天雪地中之帐幕生活，故元亡犹得退蒙古，自明清迄今，外蒙仍崛然自立。吾国人之学欧美，比诸元清之学汉，其情形是否全同，姑置不问，即使中国之民性，如野蛮民族，亦有保存之价值，况中国尚不能征服外人而徒模仿其文化，国性沦亡，盖无疑矣。国性沦亡，志趣堕落，教育之流弊如此。国中学者提倡国学，有重词章者，词章为用至少，即谈墨子经学，亦索然乏味，徒供士大夫之清谈耳。至于能发扬志趣，保存国性之教育，其要点则重在读史。

无史之国，每易沦亡，国家之建立也逾远。史乘所载其足以激发志趣，影响国民性力之势力，至为伟大。汉人通经致用之说，以当时要籍，全在经典，史学流传，悉备如是，其后经书相隔，为是已远。往古不可复稽，于是有通时致用之说，故学孔子不但学不到，亦且不知如何学。读近人传记，则以处境同、记载详最易激发吾侪志趣。自国家之建立，因外来之侵略与防御，而国性益强，未闻同化外人，而能保存其国性者。近今学校，对于史学，多未精求，若究其弊，厥有五端，前人所述者姑不论。

一、取文舍事。崇拜太史公《史记》之文章者，常忽其事实。自方望溪、归震川辈之评点《史记》，以事实就文章，以为不如此，则文即非《史记》之文。读史而蹈此弊者屡见不鲜。夫《史记》本属实录，初非借以自炫其文章也，若为文章而捏造事实，则金圣叹已先讥之，归、方辈等《史记》《汉书》于小说，取文舍事之弊，亦云钜矣。

二、详上古而略近代。史学通病，每于唐虞三代，加以考据，六朝之后渐简，唐宋以还，则考论所载，无不从略。歌颂三代，本属科举流毒，二十四史自可束诸高阁，然人事变迁，法制流传，有非泥古不化所能明其究竟者，往古都不可稽。《左传》编年记录，始有条不紊。《尚书》则无年月日，在孔子时遗漏即已不少，时代亦无可考。《金縢》篇所载，有认为周公死后事，郑康成则认为周公生前事，其原因则由于"秋大熟"秋字，未明述何年，故在孔子、墨子时，即已不能辨，古史之不可考，可以想见。《左传》以后，史乘之记载益详，六经中分别制度，而各国制度无专书，《史记》《汉书》以后，则食货有志，职官有志，地方有志，以视《仪礼》《周礼》，其所记当时制度，详略远不相同。司马温公作《通鉴》，于两汉以前，多根正史，晋后则旁采他籍，唐则采诸新、旧《唐书》者只什五六，其余则皆依年月日以考证之，并附考异，以备稽核。诚以近代典籍流传既富，治史学既有所依据，而其为用又自不同。盖时代愈近者，与今世国民性愈接近，则其激发吾人志趣，亦愈易也。

三、详于域外而略于内政。有清末叶，国事纷扰，外侮日迫，有志之士，欲唤醒国人迷梦，故对于域外记载，不厌其详，其流弊则将内政要点，处处从略。然外交内政，两者相衡，对外方略，初不若内政之重要，内政为立国根本，若史记而不详于本纪、列传，专讲方略者，则后人读史更有何据，变国史而为世界史。摧抑国民性之流毒，莫此为甚。

四、详于文化而略于政治。此病得自日本。日本之治东方史学也，与吾国人之治国史，其目的迥不相同，以其无国民性之关也。故于汉则述所谓司马迁、司马相如、班固之流，于唐则述韩退之、李太白，于宋则述苏、欧、黄、秦之流，视为已足。实则举一二文人以代表一代文物，亦为史学家所不取。文物之中，其特异者，则为宗教。宗教于国史上，初不占若何位置，以吾国宗教，对于政治，不发生若何影响，《史记·洪范书》《汉书·五行志》，虽不乏宗教材料，则以古代史祀之官，兼及祭祀也。厥后史籍多专取与政治有关者记之，魏收《魏书》中之《释老志》，亦以其影响政治而作。若唐摩尼教早已消灭，其考据自亦无关宏旨。回教之在中国，初无若何影响。耶稣教则自利玛窦入中国后，相安如堵，除一部分教案与政治上发生纠葛，宜加以考证外，泛论宗教，无关政治，自可从略。近人治史学，好谈文化，文化为政治之母，固为一般人所共认，然文乃经纬天地之文，初非吟风弄月玩物丧志之文，略于政治，而详于文化，学者志趣，每为之消抑。

五、因古籍之疏漏而疑为伪造。前四者为治史学者之通病，此则疑古太甚，为一部分学者所独有。著书若全无疏漏，本无此事，况古籍至今，抄写脱漏，在所难免。考据之学，亦至琐碎。司马温公之《通鉴》，其中多根据年月，将各籍交互参合，然其考证，亦属大体，且多不能一致。即使近人记十年前事，仍多不免疏漏，何况古人？古

1921 年 12 月 23 日，新教育共进社、新教育杂志社、实际教育调查社三者合并成立中华教育改进社，推举孟禄、梁启超、严修、张仲仁、李石曾 5 人为名誉董事，蔡元培、范源濂、郭秉文、黄炎培、汪精卫、熊希龄、张伯苓、李湘辰、袁希涛 9 人为董事，聘请陶行知为总干事，以"调查教育实况，研究教育学术，力谋教育改进"为宗旨，推进教育调查、教育测量、科学教育，是当时中国最大的教育社团，有力地促进了中国教育科学化、民主化、世界化的进程。 图为陶行知与中华教育改进社同仁合影。

史曲笔舆讳饰，多为有意疏漏，他书可加以稽考。如两方战争，小负大胜，每易致误，攻城失地，则多不得不为之实报，心中有年月日之限制则不易伪造。至于查无实据，事出有因之史事，史籍中亦常见之，初非考证之士所能定其真伪也。古人往矣，不但尧舜之有无不可知，若充其致疑之极，则清光绪帝之有无，亦非吾侪所能定，即吾侪所不曾亲至之地亲历之境，因时间空间之暌隔，亦得加以否认。昔有人以为世界只有英国，而无吉国利国，更无英吉利国，说来虽属荒唐，细味亦有至理。古事致疑，本为学者态度，然若以一二疏漏而遽认为伪造，欲学者群束书不观，则未免太过耳。

　　总上所述，鄙人所以反覆申论者，则以教育上治史之利益即在保存国性，发扬志趣，此于近代教育对证发药。国人昏聩也久矣，自来视史学为敷衍门面，因不免有取文舍事，详上古而略近代，详域外而略内政，详文化而略政治，以及疑古太甚之五弊。能去此五弊，则史学之功用可见。余之为此言，固非仅以读《汉书》《史记》相劝励，亦鉴于全国教育之趋势，志趣堕落，国性沦亡，有不能已也。诸君为教育界要人，对于全国教育，关心至切，而余所郑重为诸君告者，则毋使华夏教育，流为鸦片式的教育，是则吾国前途之大幸也。

说求学^①

（1921 年 5 月）

　　求学之道有二：一是求是，一是应用。前者如现在西洋哲学家康德等是，后者如我国之圣贤孔子、王阳明等是。顾是二者，不可得兼。以言学理，则孔子不及康德之精深；以言应用，则康德不及孔、王之切近。要之，二者各有短长，是在求学者自择而已。

　　然以今日中国之时势言之，则应用之学，先于求是，吾今故略求是而专言应用。应用之学，亦得别为变常之二者：变者当国家有事之时，常者处国家太平之候。二者均为必要，而各不得兼，要在视时势之缓急，与求学者之资质而已。以今日中国而高谈社会建设，虽三尺童子亦哂其妄。事非不善，其如非今日中国之所急何也？中国今日之急务维何？即芟锄军阀是也。

　　盖今日中国，为从古未有之变局。欲应兹变，非芟锄军阀，则虽有优良之社会制度，终托空想。无如今人每多昧此而务彼，滋可大惧者也！吾见今日吾国人，有举国最著通病，即仍是科学之余毒。吾为此言，若不详绎，则听者必多不解。其在满清一代，以科举取人，一题也而作者万千，为文既相伯仲，陈义亦相仿佛。主试者惮去取别择之烦，而惟奇者是尚。于是青年为趋风气，竞相揣摩，驯致二百余年

---

　　①　据《太炎学说》。

康有为（1858—1927）　　　　蔡元培（1868—1940）

康有为，原名祖诒，字广厦，号长素，又号明夷、更甡、西樵山人、游存叟、天游化人，广东南海人，人称"康南海"，近代重要的政治家、思想家、教育家。 光绪十七年（1891）后在广州设立万木草堂，收徒讲学；二十一年（1895）得知《马关条约》签订，联合 1300 多名举人上万言书，即"公车上书"。 光绪二十四年（1898）开始进行戊戌变法，变法失败后逃往日本，自称持有皇帝的衣带诏，组织保皇会，鼓吹开明专制，反对革命。 辛亥革命后，作为保皇党领袖，他反对共和制，一直谋划溥仪复位。 民国六年（1917），康有为和张勋发动复辟，拥立溥仪登基，不久即在当时北洋政府总理段祺瑞的讨伐下宣告失败。 民国十六年（1927）病死于青岛。

蔡元培，字鹤卿，又字仲申、民友、子民，浙江绍兴人。 哲学家、美学家、教育家。 蔡元培少年时尊崇宋明儒学，17 岁中秀才，此后连中举人、进士，28 岁官至翰林院编修。 戊戌变法后"浩然弃归故里，主持教育，以启发民智"，后赴德留学，在莱比锡大学研究哲学、美学、心理学。 曾任中华民国首任教育总长。

《新中国》发行于 1919 年第一次世界大战结束之初，停刊于 1920 年 8 月，每年发行 8 期，是一本民国初年短期发行的综合性月刊类杂志，当时的知名学者如胡适、张煊、邵飘萍、刘叔雅、顾红叶、陈听彝、包天笑、王小隐、高一涵、张君劢等都参与了创作。 杂志内容涉及社会政治、经济、外交、文娱生活等各个方面，尤其对于中国国家和民族未来命运与出路等话题进行重点讨论，体现了鲜明的新文化思潮特色，反映了一战结束后国际时事影响下国人浓烈的民族情感。

间，青年入学，举业以外无学问，闱墨以外无文章，其终身事业，厥在标奇自炫。至于修齐平治之道、求是之学，有未尝闻见者，多矣！试观今日之杂志如《新中国》等，有异于当日之闱墨乎否耶？今日社会之风尚，有异于当日社会之风尚乎否耶？吾未有以辨也。

近吾国最好立异者，厥有二人，前有康有为，今有蔡元培。一则以政治维新号召，一则以社会主义动人。其实满清政治，非不应改革；社会主义，亦非不应研究，不过以素无研究，及一知半解者，从而提倡之，未免欲以其昏昏使人昭昭，殊可笑耳！昔人云"画鬼魅易，画狗马难"。盖以狗马常见，而鬼魅不常见；常见者难混，不常见者易欺。此二人者，皆画鬼魅者也！

吾于兹尚欲一言，即求学宜切戒浮华。浮华者，非谓从事美衣玉食也，即务名而不求实之谓。苟青年一蹈此弊，则读书虽多，充量仅能成一文人。若欲为学者，则必于求是与应用二者中，有所深造，方能得之。

求致用者不必求是，
求是者不必求致用①

（1920 年 11 月）

学问的范围很广，要把自己志趣所近的去研究，才不枉费精力，许多人学了师范又不去作教育事业，许多人带兵统将，并没受过军事训练。

年轻的人自己没主张，为父兄所迫，至所学非所愿，中学普通学科，固无所选择，但专门学问关系重要，要由自己斟酌，才能致用。古人求学，都预先有计画，必求将来能致用。青年人的志趣不小，或学历史，或学地理，一经择好，便应用无穷。彭玉麟和左宗棠起初都很微，卒能成大事者，能求致用之学所致也。彭是翰林，他的学问，多从历史上研究得来。

求学之道有二：一求是，一致用。求是之学高深而不切实用，致用之学浅显而易求，彼愈精微则愈无用矣，致用之学则在与社会相适合而已，无所用其高深也。求致用者不必求是，求是者不必求致用。唐才常是革命党也，他本来是求致用，及著《仁学》，是以致用而求是也，致弄出许多错误，使人讥笑。近来讲政治讲道德的，都搀入

① 原文由刘建阳、吴相如记录，载《大公报》（长沙）1920 年 11 月 21 日。《章太炎全集》题为"在长沙大演中演讲求是无致用"（《演讲集》上册，第 300—301 页），此标题为编者所拟。

唐才常（1867—1898），字伯平，号绂丞，后改号佛尘，湖南浏阳人。 自立军首领。 少好学，尤喜读历史。 与谭嗣同一同师事欧阳中鹄，交谊笃厚，时人并称为"浏阳二杰"，也是谭嗣同的刎颈之交。 谭嗣同《仁学》在其生前没有发表，只有抄本给梁启超和唐才常等人。 二人在谭牺牲的次年（1899年）分别在《清议报》和《亚东时报》上连载发表，后有多种单行本问世。

物理化学，不知政治与道德是致用之学，是有用的，物理化学是求是之学，是无用的。以致用的东西，杂引无用的科学，往往格不相入，弄巧反拙。皆因不明求是与致用的界说也已。

格物和修齐治平本不相干的，朱子把他拉成一贯，所以弄得纷乱不通。陆象山倡良知良能之说，才把他截作两裁。人家都说读书人无用，皆因读书人喜杂乱无章。木匠所以能成器者，正是于他只求致用，不求原理也。故求是者只求其知，致用者只求实用可也。不然，失之毫厘，差之千里，诸君在校读书，不可不辨清这个道理。

学校教育当求是致用[①]

（1925 年 10 月 5 日）

（按：章氏演说，其词甚长，大意分为二点如下：）

一、自教育界发起智识阶级名称以后，隐然有城市与乡村之分，城市自居于智识阶级地位，轻视乡村。实则吾国阶级制度向不发达，自总统以至仆役，仅有名职之差别，何必多此智识阶级之名称，为文化之中梗。贵校独见及此，以养成农村人才为宗旨，化除阶级，矫合城野，最为适用之教育。盖教育如不适用，所养之人才必不适用，开办学校伊始（因该校系本学期始办），不能不认清题目做去也。

二、国文为重要科学之一，自不待言。今之衡文者，以美观为主，然美观必取其自然之势，不必加上雕琢，行文宜切实用，不可徒取美观。国文之下，包括历史、论理、哲学三种，历史为祖孙相传之信物，凡伟大之人物，皆由参考历史得来。参考历史，如打棋谱，善奕者必善打棋谱，否则虽解奕理，终非能手。至于论理哲学，可以四字包括之，即求是致用而已。

---

① 原文载《申报》1925 年 10 月 11 日"国内要闻"《章太炎在湘之两演讲》。《章太炎全集》题为"在长沙晨光中学之演说"（《演讲集》上册，第 401 页），此标题为编者所拟。

彭一湖（1887—1958）　　　　李剑农（1880—1963）

彭一湖，名蠡，字忠恕，笔名伊甫，湖南岳阳人，中国民主建国会发起人之一。 早年在日本早稻田大学攻读经济学，参加同盟会，后回国参加辛亥革命。 曾任湖南省立第一师范大学校长。 1925 年，离开一师筹办晨光大学，任校长。 中华人民共和国成立后，曾任政协全国委员会委员，中国民主建国会中央常务委员。

李剑农，湖南隆回人，历史学家、教育家。 同盟会员，早年入日本早稻田大学、英国伦敦经济学院学习，后任汉口明德大学教授、武汉大学史学系主任。 著有《中国近百年政治史》等著作。

晨光学校为彭一湖、钟才宏、李剑农等人协力筹办一所超党派的学校，于1925 年 9 月正式开办，名为晨光学校。 入学前，校方要求学生宣誓在修学期间不加入任何政治党派。 是年 10 月 15 日，章太炎莅该校讲演，称赞该校"以养成农村人才为宗旨，化除阶级，熔合城野，最为适用之教育"。 1926 年 7 月北伐军入湘前夕，彭一湖等人逃出湖南，由王凤喈接任该校校长。 由于李剑农认为当时的晨光学校早已渗入各种党派人物，与原办学宗旨相背离，遂于 12 月停办。

论今日切要之学^①

（1932 年 3 月 24 日在燕京大学讲演）

从前顾亭林先生说过"行己有耻，博学于文"两句话，但是"博学于文"不如行之实际，而"行己有耻"纯为个人的行为，所以这里暂不讨论。

今日切要之学只有两条道路：一求是，二致用。求是之学不见得完全可以致用，致用之学也不必完全能够求是。合致用与求是二者冶于一炉，才是今日切要之学。诇今日之学风适反乎此，日惟以考古史古文字学、表章墨辩之说是尚，反弃目前切要之学而不顾。此风若长，其害殊甚，速矫正，以免遗误于将来。兹先分论其不切要之点如下：

一、考远古。此虽为求是之学，然不能致用。试观今日一般学者忽于近代之史，而反考证三代以上古史如《山海经》等孳孳不休。正如欧西学者日夜研究古巴比伦、埃及等国的文化，同样的无味。因彼时尚在混沌草昧时期，就是能发现一二种学说，也绝难找出有力的证据来证明他，又何况即便得以证明也不能致用呢？

二、考古文字。此亦求是而不切要之学也。若今日举国学子欣欣然考证龟甲，研求钟鼎，推求陶瓦，各自以为得。其考证甲骨者则凿

①　由王联曾记录，载《中法大学月刊》五卷五期，1934 年 10 月 1 日出版。

凿于某字《说文》作某，钟鼎又作某，某字应读某声，穿凿附会之态较之研究钟鼎者尤为可笑。而不知龟甲之真伪本难分别，何况其证据又薄弱无力！至于钟鼎本系金属，真伪尚易辨别，然考证其文字，终觉无味。其一切考证钟鼎文字之书籍，更须审辨。若宋人之《集古录》《金石录》《博古图》等书，考订本多难据。至清之吴大澂等益加穿凿。然清人考订文字大率沿袭宋人，不知宋人更沿袭何者。夫文字递变，必据有形迹者以为推。假如佐证毫无，而欲妄加揣测，正如外人到中国听戏，纵赏其声调铿锵，而于曲中旨趣则茫乎无所知矣。

三、考墨辩。今日学者，除去染有上述两项风气之外，尚有一种绝不能以之致用的风气，就是考墨辩。墨子的精华仅在《尚贤》《尚同》《兼爱》《非攻》诸篇。至于《经上下》《经说上下》《大小取》诸篇，实墨子的枝叶。而考墨辩者却矜矜然说某段合乎今日科学界中的电学，某段合于今日科学界之力学，某段合于今日科学界之飞艇飞机，某段系今日物理学中之定律，某段又是今日化学之先声。似墨的神通，活像今日科学界的开山老祖一样。即使以上诸说能够成立，也不过是繁琐哲学之一流。庄子有一句话："窜句游心于坚白同异之间，杨墨是已。"这样说来，非独墨子是科学专家，杨子又何尝不然呢？《大戴礼》哀公问孔子有小辨之说，则墨子亦小辨之流也。总之其语虽然有是的地方，用起来时却不能致用。所以这班学子虽较考古史、古文字学有用，然终不是今日所需要的。

现代的学者既如上述。若溯及前代治学的人也各有所偏。明代学者知今而不通古，清代学者通古而不知今。所以明人治事的本领胜于清人，虽少年科第足以临民。清之学者考证经史详搜博引，虽为前古所无，惜不谙当代制度，治事的时候，辄来请教于幕僚。所以两朝学

顾炎武（1613—1682），字宁人，号炎武，江苏昆山人亭林镇人，世称亭林先生，是明清之际的思想家、学者。 顾炎武对章太炎的一生产生了非常大的影响。 章太炎，初名学乘，后改名炳麟、绛，别号太炎。 他因倾慕顾炎武（本名绛）的为人行事而改名为绛，因敬仰黄宗羲（号太冲）、顾炎武，而署号"太炎"，并终生主张用顾炎武的"行己有耻"倡导革命道德。

者各有所蔽。然明之学者尚能致用，清之学者虽欲致用亦不能也。其所以不能致用者，基于彼等考大体者少，证枝叶者多耳。是明清两代之学，皆非切要，不足为今日所取法也。

今日切要之学是什么？曰历史也。历史之学宜自修，不适于讲授。现代各校不明此理，多于每周规定三四小时，与其他科目同一办法，此甚不然。试问一部正史，欲于每周三四小时内依次讲解，恐至少亦须三十年始能讲毕。即令学生明知史志为今日切要之学，若按时至校听讲而不自修，终必无收获。此外市面上有应时而起的《史学通论》《史学研究法》等，美其名曰节省时间，实无当也。如唐人刘知几之《史通通释》，往复辩论历代史书得失之处，虽甚详明，假使详明更不阅其所论之史书，则《史通》亦为无用。况今日市上之《史学通论》等书，撰著对于所论之书恐尚未尝看过，则其《通论》又那里有丝毫的用处呢？故历史一科之教员应专讲解史志之条例及其中深奥的地方，其余易解之处统由学生去自修。盖研究学问有二法：一、有必须讲解者，如史学之条例是也。二、有必须自修者，则史志之全文是也。试观现在各校觑居历史讲座之先生，与茶馆中说评书的有什么分别？其中本领高者仅能讲明历史之大概，劣者虽大概亦不能明也。

现在的青年应当知道自己是什么时候的人，现在的中国是处在什么时期，自己对国家负有什么责任。这一切在史志上面全部都可以找到明确的答覆。若是连历史也不清楚，则只觉得眼前混沌万状，人类在那里栖栖皇皇，彼此似无关系，展开地图亦不知何地系我国固有，何地系我国尚存者，何地已被异族侵占？问之茫然无以对者，比比然也，则国之前途岂不危哉！一国之历史正似一家之家谱，其中所载尽已往之事实，此事实即历史也。若一国之历史衰，可占其民族之爱国心亦必衰。盖事实为综错的，繁复的，无一定之规律的；而历史乃归纳此种种事实，分类记载，使阅者得知国家强与弱的原因，战争胜败的远因近因，民族盛衰的变迁，为人生处世所不可须臾离者。历史又如棋谱然，若据棋谱以下棋，善运用之，必操胜算，若熟悉历史，据之以致用，亦无往而不利也。（中略）

宋之王荆公与现在国民党之总理孙逸仙均中不明历史之病。王荆公不许人读史志，毁之曰断烂朝报；孙逸仙似未精究历史，却也具有王氏之遗风，所以国民政府今日未有令名。王荆公与孙之国民党同因不谙已往之史候，以致爱国心衰。自王荆公倡不读史未及四十年，而宋亡矣，今民国缔造已二十一年，前后茫茫，亦可惧也。

附庸之国与固有国土本有区别，历史已详告我们。不幸今日上下竟有以附庸视东北三省，而盛唱"弃了东三省"的论调，这就是不明史志的原故，而仅据外人之称东三省为"满洲"，便以为东三省之属于我国乃附属地性质，非本土也。凡稍读史志者便以为其误。考东三省原为中国固有的版图，汉谓之突厥，宋谓之辽、金。汉去今日已远，姑不论。即以明、清论之，明、清两代东三省皆为我国固有之版图，今竟因不明史志而疑固有的国土为附庸之地，其害较不读经书为尤甚。盖不晓得周公、孔子的名字，仅遗忘一二死去的人而已，无关国家之得失，若不晓得历史则几乎茫茫然遗失了东三省千百万方里的土地，其为害驾于经书之上。此语在好高骛远的人全不愿说，他们视历史如同掌故和家谱一样，岂料到关系于国家的命脉是这样的大呢？再以开铺店喻之，开铺店若不明该地的掌故习俗，则不出数日必倒闭矣。又如组织家庭，若不看家谱不明世族，则亲疏不分，视其同族若路人，此家未有能兴盛者。今知不看掌故家谱之害尚如此，其不明史志之害，岂不尤甚于斯欤！故谓历史为掌故亦可，谓之为民族的家谱亦无不可。总之，历史就是我的掌故，我的家谱，他人得之虽然无用，而我不得不备此物，若欲为国效力，这本老家谱是非研究不可。至于运用之法，应注重制度、地域变迁的沿革，治乱之原因。阅之亦甚易，看一句即得一句之经验，非若治军须战略与操练并行也，故其

燕京大学，是 20 世纪初由 4 所美国及英国基督教教会联合在北京开办的大学之一，也是近代中国规模最大、环境最优美的大学之一，创办于 1919 年，司徒雷登任校长，蜚声国内外。 在中国高等学校 1952 年院系调整中，燕京大学被撤销，校舍由北京大学接收。 1932 年 3 月 24 日，章太炎在燕京大学作此演讲，距离"九一八事变"半年有余，"一·二八事变"仅过去一个月零六天，甚至 2 月 23 日他还北上往见张学良，代东南民众呼吁出兵抵御日本。他在《论今日切要之学》的讲演中，并非只是谈学问，而是希望青年学生多读点中国历史，"察盛衰之理，审权宜之势"，在"求是"之外，思考何以"致用"，号召在民族危亡之际，既要学习历史，又要学习实用的本领。 他发问"何地是我国所固有，何地是我国尚存的……"也是意有所指的。 图为1926 年燕京大学景象。

成就亦易。史志之全帙虽繁，读司马光之《资治通鉴》则简而易行。今之青年既知史志为切要矣，当视为新发现之宝物去日夜看他才好！

历史之学不仅今日切要，即在往古亦十分切要。汉时即以六经为史，各有专家传其学，至今因时间之延长，史志遂觉繁多，然此正一完备之棋谱也。若善用之，何往而不利！故其切要尤甚于昔。在汉时可举史志而尽焚之，因彼时棋谱尚未完备，而有人才在，还可以补救时艰。今日则不可，因人才已无，棋谱更不可失矣。

"行己有耻，博学于文"，是从前的话。今当世界在较任何时期为严重的时候，历史上之陈迹即为爱国心之源泉，致用时之棋谱。其系于一国之兴亡用尤钜，故史志乃今日切要之学也。

经义与治事[①]

（1932 年 9 月 21 日在苏州中学讲演）

到这里来，才知道这里是范文正、胡安定讲学之所。在时间上有久长的历史。全国学校，像这样有久长的历史的，恐怕数目不多。因此引起我浓厚的感想。

在苏州前辈先生中，范文正当然是第一流人物。所以这次我来讲学，首先提出范文正、顾亭林两位先生，作为立身、行己、为学、做事的标准。此地是范文正、胡安定"过化存诚"之所，当然更须提出来特别讲讲。

当时范文正请胡安定到这里来办理教育，安定首先提出"经义""治事"两项，作为为学的方针。何以不提出"修身"来讲一讲？依我揣测，"经义"可以包括"修身"，就"治事"而论，亦非"修身"不可，所以只须分讲"经义""治事"两项便好了。

原来学问类别，不外"经义""治事"两项。"经义"所包甚广，史学亦包括在内，可以说"经义"即是学问全部。至于"治事"，便是所谓办事。有了学问，当然非托之空言，要在见之实行。所以"治事"一项，亦很重要。后来亭林先生，对于这两项，可以说兼擅其长；以后的学者，便不能两者俱备了。苏州的经学，向来有

---

① 由吴大琨、陆希龄、蒋锡琴记录，诸祖耿校定，载《苏中校刊》第六十八期，1932年10月10日出版。

名，惠氏父子①可以作为代表；"治事"像冯桂芬②之流，亦还可以。不过他们都不能兼擅两者。惠氏只知治经，其余一切不管；冯氏只知在地方上兴利除弊，对于国事，不加过问。这都是他们的短处，当时安定设教，对于"经义""治事"两项，究竟办治如何？现在无从考见。大约"经义"方面，口说的多，成文的少，所以说经之文不传，传的亦不十分精博。"治事"方面，亦无特别事项给我们知道。只知道他对于礼节的训练非常严厉。记得徐仲车（积）③初见安定，头部微微带一些倾侧，安定马上厉声对他说："头容直！"仲车由此凛然，悟得非但头容要直，心亦要直。这种情形，亭林还有一些儿气味。至于惠、冯，无论"经义""治事"，都在书本上着力，见之于行事的，已不甚多；对于身心修养上的种种，更不遑顾及了。现在的时世，和往昔不同。但是，所变换的，只是外表的粗迹，至于内在的精义，是亘千载而没有变换的。所以，古未必可废，所着重的，在善于推阐。假使能够发挥他的精义，忽略他的粗迹，那末，以前种种，未必无补于现在。

一般人的意见，往往把经学史学，分而为二。其实经是古代的史书，史是近代的经书，二者本来是一致的。我们之所谓"经"，当然

---

① 惠氏父子，即惠士奇、惠栋。惠士奇（1671—1741），字仲孺，一字天牧，号半农，人称红豆先生，江苏元和（今苏州）人。惠栋（1697—1758），字定宇，号松崖，学者称其为小红豆先生。

② 冯桂芬（1809—1874），字景亭，号林一，江苏吴县（今苏州）人，曾师从林则徐。道光二十年进士，授编修，咸丰初在籍办团练，同治初，入李鸿章幕府。少工骈文，中年后肆力古文，尤重经世致用之学。在上海设广方言馆，培养西学人才。先后主讲金陵、上海、苏州诸书院。冯桂芬为改良主义之先驱人物，最早表达了洋务运动"中体西用"的思想。著有《校邠庐抗议》《说文解字段注考证》《显志堂诗文集》。

③ 徐积（1028—1103），字仲车，楚州山阳（今江苏淮安）人。北宋聋人教官。生于宋仁宗天圣六年，卒于徽宗崇宁二年，年七十六岁，以孝行著闻。

和耶、佛、天方不同。我们之所谓"经"，等于现代一般人所说的"线装书"。线装书上所记载的，是非美恶，成败利钝，在在和现在有关，我们不得不去注意。《尚书》当然是史；《礼经》《乐书》，等于史中之志；《春秋》便是史中纪传，不过当时分散各处，体例未备，到司马子长作《史记》，才合而为一，有纪有传，有志有书。所以，史即经，经即史，没有什么分别。现在我们假如单单讲经，好像没有用处；单单讲史，亦容易心粗气浮。所以，我的意思，非把两者合而为一不可。研究经的方法，先求训诂文义，进一步再探求他事实上的是非得失。至于如何应用？那末，运用之妙，存乎一心，在于各人的自得。而且时势不同，应付亦异，这是讲不了的。

在现在学校制度之下，经能讲，史不能讲。这因为学校制度根本不完善的缘故。经的书本少，讲来还不困难；但是在现在的大学里面，还只能讲一些概论之类。至于史，总数几乎二三十倍于经，卷帙繁多，如何讲得！于是不得不取巧一些，讲一些研究法。其实这根本是欺人之谈。试问未看全书，所谓研究，何从说起？我以为史的文理易明，不像经的训诂难通，费三年之功，一部廿四史，即可看全。这一门，宜于自修，不宜于讲堂上讲解。所以，我以为现在学校，有两件事应当认真去做，一是由学生自修，一是请教师讲解。一种学问，先后有条理可寻，非先通一关，第二关决难通过的，这一种，非请教师讲解不可。譬如各种科学，以及以前所谓"小学"之类都是。至于书籍众多，没有条理可寻，并且他的功用，在乎作用而不在乎条理的，这一种，不须讲解，只须各人自己观览即可。以前的学校叫做书院，其实相当于现在的图书馆。书院中预备了许多图籍，使得学生可以自由阅览。再聘请一位掌院或是山长，常驻院中，遇有疑难，可以

苏州中学前身是紫阳书院，清康熙年间理学家张伯行于北宋范仲淹所办府学中创建。 1904 年新学发轫，江苏巡抚端方在府学原址扩建江苏师范学堂。辛亥革命后的 1912 年，江苏省公署颁令改为江苏省立第一师范学校。 1927年，江苏省教育厅颁令合并省立一师、省立二中（草桥）、苏工专高中部及补习班，以省立一师三元坊原址为本部（高中部），草桥为分部（初中部），组建为第四中山大学区苏州中学，由美国著名教育家杜威的学生汪懋祖任校长。 1928 年，改称江苏省立苏州中学。 在 20 世纪三四十年代，苏州作为东南学术重镇，其国学底蕴足以和学府云集的京城相抗衡。 1932 年秋季，李印泉、张仲仁、陈石遗、金松岑等苏州宿老发起讲学活动，并邀请章太炎到苏州讲学一个月。 他先在苏州公园内县立图书馆讲顾炎武"行己有耻"，以勉励青年"名节厉学"；后在苏州中学对面的沧浪亭讲《儒行要旨》《大学大义》《经学和治学》《文章源流》，由诸祖耿、吴大琨等记录，刊于苏州中学校刊上，在校园掀起了国学热潮。 图为《苏中校刊》。

请问。这种情形，学生有自得之乐，教师无讲演之劳，在事实上很是合理。假如这一项学问，书虽少而理却深，非经教师讲解，不能明了，这便须采用现在学校的讲授制，师生聚集在一处地方，按照次序讲授去了。所以，我以为学校和图书馆，两者不可偏废。讲求学问的方法，大约不出于这两种。

以上是关于"经义"一方面的话，现在再讲"治事"。"治事"——办事——本是多方面而且极活动的，非实地练习，不能知道处置的方法。譬如要学军事，便须到军队中去，当排长，当连长，假如仅仅在讲堂上读一两种书，试问有什么用处？政事亦然，单靠书本上的智识，不是崇拜着西洋各国情势隔膜的制度，便是拘泥着东方古代早已过去的陈规。总是没有用处。即使自己研究了很深很深，胸中了然，笔下超然，著了许多政治上的书籍，还是无用。为什么呢？因为政治是千头万绪，而且刻刻随着时势环境变化的。譬如现在局势混乱，你若想从政治上着手整理，假如单单依靠自己读书，那末即使翻尽《文献通考》之类，还是不知道从什么地方做起。所以政治一项，最要紧的，是亲自埋头干去，在干的中间，积蓄你如何如何的经验，决非在书本上讲堂内，随便看看谈谈，可以了事。况且，时势变迁，现代断然不能复为古代，古代书籍，即使现在看来句句都好，到底从那一件做起，还是问题。所以，平时读书，只好算积蓄材料，用时还须自己斟酌。譬如商店，资本大，货物多，顾客一到，可以从容应付。假如守着一两种书，便以为天经地义，牢不可破，这种固执不化的情形，怎样可以通方致远？所以，关于"治事"一项，学校教师，应当领导学生，亲自干去，在干的中间，求得切实的经验。学生不但应当在教师堂上听讲，在自己室内看书，还须多做游历的功夫。以中国而论，地方大，风俗异，此地相宜，那边不相宜，这种情形，书上记载简略，非实地考察，断乎不能了然。关于"治事"，我以为应得如此做去。假如不能，充其极，亦不过做到冯桂芬之流而已。

一个人要兼擅"经义"——学问、"治事"——办事两者，是不容易的。前面所讲的顾亭林，还只能做到六七分，不能说完全做到。他讲到学问，总是经和史连讲；讲到"治事"，非但明白当代的掌故，走过的地方，亦是不少，以此很能知道各处不同的风俗人情。两种兼擅，方才成功现在我们大家知道的顾亭林，这是很不容易的！

"经义""治事"两项，实在可以包括一切。但是古代和现在不同，我们当然要把他推广言之。不能守着以前的方法便算满足。即使现在范文正、胡安定复生，到此地来当校长，做主任，也决计不会守着陈旧的方法便算满足的。"经义"一门，要推广言之，"治事"一门，也要多想方法。

总之，学校里的教课，固然是学问；自己个人的自修、阅历，亦是学问。走一步，见一人，无往而不是学问。假如单单守着学校里的教课以为学问，那末，一定会得使你感到十二分的缺乏的。以前子路说过："有民人焉，有社稷焉，何必读书，然后为学？"这话并未讲错。从古到今，有一种人痛恨俗吏，痛恨官僚，但是自己讲论政治多年，一旦担任职务，往往不能及到他们。这个原因，便是一在空论，一在实习。所以，我以为讲到实用，学问不过占三分之一的力量，三分之二的力量，是靠自己的练习。子路的话，并未说错，不过略嫌过分一些罢了。以前安定设教，"经义"之外，另外提出"治事"一项，这是他独具只眼的所在。现在我们不知道他当时如何办法。或者当时出校以后，更有补救的方法，亦未可知。否则"治事"是教不完的。

因为此地是安定首先提出"经义""治事"两大类别的地方，所以我今天才如此的讲。总而言之，现在教育的界限要放宽，那末才可以完成九百年来这两句话的大用处。

论 学 校 教 育

訄书初刻本·改学

陈胡公以陶器事周室，爵之于宛丘，而十乱勿与焉。由此观之，利器用者，形之下者也；上乎形者，必十乱之道。

今学校以算术、化、重为臬极，三十年以设精横，而共工氏不出。虽出，能议政乎？政治之学不修，使僝功审曲者议之，其势将妄凿垣墙而殖葭苇。且方闻之士，学政恒敏，学艺恒钝。钝而鲜用，与敏而有用，其效孰过？

往者以治官之学自满，不知东西之有其籍也。今知有籍矣，而勿孚，何也？

学校之制，校三而科四：一曰政治，再曰法令，三曰武备，四曰工艺。政法必兼治，备艺必分治。有政与法，然后诘戎与将作者有所受。不然，以工艺而议大政，以三十辐而责其为馆毂，阳夫刖夫，大陆之口，其遂反舌夫？（日本大学堂设六科，政法亦殊，以政官、法官异撰也。余言兼治者，以其同在一校，得兼二科，亦治标之急务也。）

改學第三十九

陳胡公以陶器事周室爵之于宛丕而十亂勿與焉縣此觀之利

未見其得也愚以爲震旦之地險邏若一家而濱江猶有以不澌
義者其附塞則有蒙古律爲今宜與諸鄰國約于通商之地特定
格令參中西之律以制斷而不以槩域中此輕重互相革也若是
則黎民者果在輕重之劑乎曰否減死以去苛授正長以權以肅
吏定通商之律以平懲若夫懲民則固在必行也非輕重之劑所
能與也且今燔虔之民眾矣其尤黠者蓋怯于犯吏而勇于陵
人拙于公益而巧于私取短于犯力而長于禍言其惏可誅顧通
于律令之外雖欲必行且有所不得行焉而況其不行欵

訄書三十九

器用者形之下者也上乎形者必十亂之道今學校以筭術化重
爲臬極三十年以設精橫而其工氏不出雖出能議政乎政治之
學不修使傮功審曲者議之其勢將妄鑿垣牆而殖霞葺且方圓
之士學政恆敏學菽鈍而鮮用與敏而有用其效孰過往者
以治宮之學自滿不知東西之有其籍也今知有精矣而勿爭何
也學校之制校三而科四一日政治再日法令三日武備四日工
敎政法必兼治備萩必分治有政與法然後詰戎與將作者有所
受不然以工菽而議大政以三十輻而責其爲舘戠陧夫剆夫大
陸之口其遂反舌夫日本大學堂設六科政法亦殊以政官法官
異撰也余言兼治者以其同在一校得兼二
科亦治標之急務也

《訄书》初刻本之改学第三十九（清光绪二十六年刊本）。

訄书重订本·议学^①

陈胡公以陶器事周室，爵之于宛丘，而十乱勿与焉。繇此观之，利器用者，形之下者也；上乎形者，必十乱之道。

曩者学校以算术、化、力为臬极，三十年以设精横，而共工氏不出。虽出，能议政乎？政治之学不修，使觑功审曲者议之，其势将妄凿垣墙而殖莨莠。故东游者代之以明法。法明矣，京师首恶于上，终为蝮蛇。治官之守，宁亡国不以畀夏人。而诸明法者，方不悉中朝隐曲，冀一昔用事，少得扶持阽危；或期借权，又主调和，焉知大命之不假人，与执志坚缦者之不可转也？

且物不用而朽蠹生于其肤理。为工艺者不用，犹以废箸自给；明法不用，转徙于沟壑。中人以下，不自激卬，而从谀权贵人，以伺斗升之禄；不乃嫛婗海堧都市间，相诳鬻以文采艺能致钱刀者，众矣。

谈者猥谓兴学教育以俟后来，而题桢可得，理平可致。阔矣夫！如古之言曰："天子视学，大昕鼓徵"；退致珍具于国老，以命诸侯；诸侯返而帅之，则"大夫勤于朝，州里驰于邑也"。（此《礼记·文王世子》及《孝经援神契》语。）

程　师①

《传》曰："温故而知新，可以为师矣。"师者，未足为作述者也。制法谓之作，因其法，能充实之谓之述。（作者非必古无其事，但为之设条例耳。然初设条例者，证验或疏，必待后生为之讨理。其有未密，即与驳正，不让于师，此之谓述。自唐以降，典章之学，则杜君卿为作，宋、魏以下为述。心性之学，则二程为作，杨、谢以下为述。算学，则秦九韶、朱世杰为作，焦、李以下为述。韵学，则陈第为作，顾、江以下为述。训诂之学，则戴东原为作，王、段以下为述。文辞条例之学，则王怀祖为作，俞氏以下为述。然或更设条例，为前人所不及制者，亦得名作。旧义久微，今复甄明，亦得为述。）守其成闻，见过弟子，有比次之功，谓之师。以师为作述者，则作述陋；以作述者责师，则师困。教于学官，广明人事物曲，下至粗授书名，略疏乘除之法，此皆师也。虽有巨细，则循顺旧术者众。世变亟，一国之学，或不足备教授，又旁采他方。他方之学，易国视之，若奇伟然。传授者亦钞次故言，未有增上，黠者或颠倒比辑之。幸弟子莫理其本，则窃他人以成己，东方之博士，皆是也。（此虽著书满家，然法非己出，则非作也。无所增进，则非述也。与此土集策案者，正同列耳。）令此曹自疏国故，不为腐谈，则以空文敷纡，或以

---

①　本文见于《太炎文录初编》卷一《程师》（上海人民出版社 2018 年版）。

豪毛相似，引类傅会。何者？其技尽于为师，无作述之效也。虽然，因是废师可乎？一国之中，为师者当数万，作述者不过数人。必待作述者以为师，则是待华山之绿耳然后驾也。作述者又不可为师。何者？其法卓特，不循故常；其说微至，不与下学近。弟子既不能尽取前说，比其利病，亦无以见作述者独至。虽闻其说，谓泛泛与恒师等，且学者犹缘梯而迁高也。近者既不尽网罗，猝闻远者，虽相与震矜之，转又闻其近者；即复以彼为奇说矣。如此，执守何由固，辩智何由察哉？又作述者，或时议前修，驳同列，非慢易之也，欲弘道，固不以言殉人，尊之至，故以为匡救，弟子莫喻其意，则长矜夸，随而轻之，不当一蚊首，不悟己之不得比也。是故古之作述者，有所授受，必传之其人，岂独深锢其学，以为神眇不可辄闻耶？亮听之者不能比考前说，则不能善理此也。彼将尽其曲折步骤，然后自引于作述者，然后可语。又以是宣明于学官。故作述者，所以宏覆诸师，非身自为师者也。世无师，则遵修旧文者绝，学不遍布。世无作述者，则师说千年无所进，虽有变复，非矫乱，则奇衺也。（明中世以后多如此。）取于他国，则终身为写官。知作述者与师不可相无，而不可同职也，则功分定矣。作述者非独名其学，亦将有以自尊贵。学官之师，今虽无秩禄，他日浸采异国之制，即师为主，学者属吏，犹汉时有文学卒史耳。主学者，直雅俗文史之徒，令作述者为之屈，此为以学术效奔走，又以绝学洪业，而令俗儒定其是非，考其殿最，何其倒也！余见井研廖平说经，善分别古今文，盖惠、戴、凌、刘所不能上，然其余诬谬猥众。（廖平之学，与余绝相反。然其分别古今文，塙然不易。吾诚斥平之谬，亦乃识其所长。若夫歌诗讽说之士，目录札记之材，亦多诋平违悟。己虽无谬，所以愈于平者安在耶？）充成都校师，发妄言，为提学者所辱。或言平愤激发狂故然。若然，谁令平以经术大师，屈身为轻材下，纵复受赏，犹之辱也。平所说多荒唐，受辱则宜。然俗吏多不通方，异己即怪。曩令汉之杜郑、唐之刘知几、宋之二程，以其学为博士，亦乃为主者辱矣。所以名德之士，聚徒千人，教授家巷，而不与辟雍横舍之事者也。由是言之，师者在官，作述者在野，其为分职，居然殊矣。世人徒以域外之事相拟，诸材艺卓至者，一切陈力官府，此为酋长贵族之治。域外诸国悉去封建未远，故可以喻为是也。诸夏即异，自汉世文法深峻，已不能致鲁两生。贯公、桓公、庸生之徒，犹在遗逸。郑康成屡征而不从命。自晋以降，特达之士，虽往往在吏职，然不以其学假借王官。何者？知学校之守，袭蹈常故而已。（虽有奇论异理，皆采自他人成书。采自成书，则为袭蹈常故。）说而不当，则其道反诎；虽当，以其学承藉长官，又弗为也。故夫玄德潜燿之事，深矣远矣，与市府封建之俗反矣。斯乃中夏所以为故，其风廓然，百世而不可易者也。或复以学不在官，则自造部党，诡为异端。向日有自拟仲尼以惑稠人者[1]，其绪则不可长。夫不奸权势，何部党之造？说有符验，何异端之诡？行中礼乐，何圣人之拟？向之人独以名世自位，固不为学，故愚者波荡从之。夫趋于致用，不趋于求是，可以浮说致人；趋于求是，不趋于致用，左证有事，攻守有法，非诚说释，则不为服也。若夫九流之部，各有艺极，犹水火相灭，亦以相生。不媥以儒言为式，非所以为患也。

　　问曰：作述者不为师，今师又往往不当中人之学，是学校终病也。应之曰：昔汉时举博士，年五十始应科。今之世，有晨朝卒业，

---

　　① 此处指康有为。

图为清华国学研究院成立时的合影，前排右起：赵元任、梁启超、王国维、李济（时陈寅恪尚未到任）。 清华国学研究院成立于 1925 年，以"研究高深学术，造就专门人材"为宗旨，采用中国旧式书院与美国研究院培养模式相结合的导师制，一时间大师汇聚，成为国内著名的"国学重镇"。 清华国学研究院原拟聘请章太炎为导师，但章氏对现代大学体制不以为然，故未应聘。

比暮，已为父师者矣。学之成验定于校试，校试固不能无偏重轻。藉令试之殿廷，然诸校录者，复多白徒。稍上非寄、象之材，则目录之士耳。已不涉学，何由以定然否？往者偏重外学，故有笔不点牍，辞不辩心，假手请字，奸伪相给者，皆及格为上第。近复矫之，又以书势楷法取人，卒与其素所治者相刺。此尚循法，其枉者犹有关节请谒之事，虽欲得人，亦何由至乎？然则师选中失，在适然耳。适有良师，则弟子之胙，不然者，亦直归诸禄命而已矣。今若就卒业诸生，以其一得录取，有不足他技，及荒于国文者，复令服习至五六年。官校不足，听其在野受业。如是，犹可多得良师。然肉食者既不省此，而学官弟子复以其业为足。循是以降，懬犹不如科举之世。何者？科举文辞至腐朽，得科举者，犹自知不为成学。入官以后，尚往往理群籍，质通人。故书、数之艺，六籍之故，史志之守，性命之学，不因以蠹败。或乃乘时间出，有愈于前。今终以学校之业为具，则画地不能进一武。老聃有言："为天下皆知美之为美，斯恶已。"彼学校者，岂不美于科举耶？

论学会有大益于黄人亟宜保护①

（1897 年 3 月 3 日）

血轮②大小，独巨于禽兽；头颅角度，独高于生番野人。此文明之国种族所同也。继神明之后，以九皇六十四民③为祖，若檀柘有乡，崔苇有蒌，此葱岭以西种族所独也。春秋至太平之世，周阹无表④，不殊内外，黄池之会⑤，夫差称吴子。是故整齐风俗，范围不过，若是曰大一统。益损政令，九变复贯，若是曰通三统。通三统者，虽殊方异俗，苟有长技则取之。虽然，凡所以取其长技，以为我爪牙干城之用者，将以卫吾一统之教也。

教术之变，其始繇于种类。均是人也，而修短有异，黄白有别，则德性风俗亦殊。故古者婆罗门种，因族以称其教，可为左证。惟吾神皋沃壤，五德昈备，则教莫正焉，种莫贵焉。虽有捆成⑥之志，匪

---

① 原文载《时务报》第 19 册，1897 年 3 月 3 日（光绪二十三年二月初一日）。

② 血轮：血球的旧称，指游动在血液里的细胞，亦泛指血液。梁启超《新民说》一："未有四肢已断，五脏已瘵，筋脉已伤，血轮已涸，而身犹能存者。"又"国也者，积民而成，国之有民，犹身之有四肢五脏筋脉血轮也。"

③ 《周官·都宗人》注云："九皇六十四民。"疏云："按《史记》伏牺以前，九皇六十四民，并是上古无名号之君。"《小宗伯》疏又引《史记》云："九皇氏没，六十四民兴；六十四民没，三皇兴。"

④ 周阹，指围猎禽兽的栏圈。

⑤ 哀公十三年（公元前 482 年），吴王夫差与晋定公、鲁哀公会盟于黄池（今河南封丘西南），史称"黄池之会"。通过此次会盟，吴国达到了北上称霸的目的。

⑥ 捆成：即浑成，天然成就。《汉书·扬雄传上》："乘云阁而上下兮，纷蒙笼以捆成。"颜师古注："捆成，言其有若自然也。"

自尊大，而犹不能不自殊别。譬之草体蛤螺，甲节脊骨，百族蜎蠕，犹有繁简，而况于人乎？景教入中国，事至微浅，然一遇凌侮，则挺剑挟弓而议，其教会盛也。中国儒冠之士，踽行孑处，无所倚毗①。皋门有政，庶人所不议；疆场有事，乡校所不闻。虽有贤杰，不在官位，则娖娖②无所长短。儒术之衰，将不能保其种族。悲夫！

于此有人焉，合耦同志，以建学会，于息壤之将陷，天保之未定，沈忧噍杀③，朝夕讲贯，虽磨顶放踵所不敢辞。其与夫汝、颍、洛、蜀、东林之士，仅与憸壬为仇敌者，所事孰缓孰急矣。若当轴不察，治以党锢，株连钩考，将投浊流。危言辣论，则恐蹈狐咺、范滂之戮④。默而息乎，则不胜漆室⑤、杞人之虑。举鼎绝膑⑥，亦不敢以怨他人。独虑变起瞋息⑦，戎夏交捽，以不诛夷为诛夷，以无焚坑为焚坑，比于红人、黑人，尚不得齿。于斯时也，而犹欲挺剑挟弓而议之，不知吾类吾教之能自主者，尚有什一之存否也？

---

① 倚毗：依靠亲近。明张居正《考满辞免恩命疏》："伏念臣本以谫陋，谬秉台衡，受先帝顾托之隆，荷皇上倚毗之重。"

② "娖娖"，拘谨的样子。

③ 噍杀：声音急促，不舒缓。《礼记·乐记》："是故志微，噍杀之音作，而民思忧。"

④ 狐咺，战国时期齐国临淄（今山东淄博）人，齐国谏士。他向齐湣王发表正确的意见，却被齐湣王杀死在檀衢刑场上，从此百姓心中不再服从齐湣王。范滂（137—169），字孟博，东汉汝南征羌（今河南郾城东南）人，以抑制豪强，反对十常侍知名于时，后遭党锢之祸，与李膺、杜密等百余人被逮，死于狱中。

⑤ 漆室：春秋时鲁国邑名。汉刘向《列女传·鲁漆室女》记载，鲁穆公时，国君老，太子幼，国事危急，漆室有少女忧心国事，倚柱悲吟而啸。后世用"漆室"作为忧心国事的代称。

⑥ 举鼎绝膑，即双手举鼎，折断胫骨，比喻力不胜任。《史记·秦本纪》："（秦）武王有力好戏，力士任鄙、乌获、孟说皆至大官。王与孟说举鼎，绝膑。"

⑦ 瞋息："瞋"同"瞬"，眨眼。瞋息，极言时间之短。

设教之始，以大刑甲兵为辅，自古惟穆罕默德乎？中国神圣，则有其制矣。吕不韦有言："禹攻曹魏，屈骜有扈，以行其教。"（《召类》篇）然则水火相挤，其极不斗不止也。古之齐俗者，役龙蛇而斗之，役虎豹雕鹗而斗之，三战然后得其志。近观突厥革岛之事，两教不辑，僵尸千里，盖行教若斯之难哉！我齐州之土，自水精制法，七十子后学，赢粮奔走，任师道于四方，浸寻二千年，虽词章帖括，绝流为害，然其彰较礧落者，犹无价错①，蠿镝不行，而民知所向，大哉其入人心也。然而捲勇股肱之力，经画取与之智，不及俄罗斯；居奇操赢，使天下敛袂，不及英吉利；弭兵善邻，折冲于樽俎，不及美利坚。其诸六艺之学，四术之教，无益于生民欤？曰：惟不能合群以张吾学故。

独居而听竽瑟，不如市朝；处幽谷而观羽旄，不如通都大邑。人之乐群，其天性然也。髫龀之童，迤而诵竹笞，有与共学，则凫藻搏跃，声亦随之；无与共学，而流涕长嘶矣。学者之乐群，亦天性然也。尝试观邑序，临横室，则弦诵之声寂如矣；趋辟痈，升瞽宗，则装潢之卷俄空矣。古香、四库之藏，文汇、文澜之府，翰詹所讲肄，骏雄所习业，则入其门无门焉者，入其闱无闱焉者矣。人之好恶，固若是变易乎？何以束发就傅，则萃处切厉之为乐，稍长知学，则惟是离群索居也？曰：自宋与明作则之主，将以其权力势藉，锢塞诸生，而惧其腹诽唇反，不仰视天而顡画地，则为之饩廪利禄以羁縻之，而仍使不足以事其父母，畜其妻子。彼去之则可惜，不去则无俚，牵曳跋疐，前却进退，营一生之不给，何暇为众生？救一室之不赡，何暇

① 价，背也。价错，即违背正常的规则。

虑五洲？故使天下之士，肥瘠不相顾，痛瘝不相知，非直不能卫周、孔，且求一墨翟、禽滑釐而不可得。小雅尽废，四夷交侵，殆以此也。

西国学部之盛，中华企望而有怖心，尚已。然俄罗斯之在北方，与准噶尔、土尔扈特等部，一丘之貉耳！其俗朴僿，未尝留意师儒也。自芬兰一省，完全富足，以趋俄罗斯，其民好学，逮园夫红女皆识字。俄人效之，以立学校，至于今，介胄工匠，亦人人知书矣。

中国四百兆人，识字者五分而一，赖地大物博，户口殷赈，以分率计之，犹得八十兆，未甚少也。其知文义者，上逮举贡，下至学官弟子，无虑六十万人；诵习史传，通达古今者，百人而一；审谛时务，深识形便者，千人而一；以此提倡后进，郡不过数人，则甚少矣。然使举措不违，此六百人者，云合雾集，智略辐凑，以振起缀学之士，犹可为也。而朝廷所以宣教化于下民者，惟郡县之学官，虽优崇其礼，不使屈膝，至于官秩事权，则统隶于郡守，考成于县令，纵有材行，无所措施。是以大儒骨鲠白首耆艾魁垒之士，有为斋长，无为教职。曰：是箸于三尺法，固尫愚朽钝者之任也。乌虖！昔之愚民者，钳语烧书，坑杀学士，欲学法令，以吏为师，虽愚其黔首，犹欲智其博士；今且尽博士而愚之，使九能之士，怀宝而不获用，几何其不为秦人笑也？

欲善学校，必取《明夷待访录》，而朱氏一新斥之曰："彼但知清议之出于学校，不知横议之亦出于学校也；但知陈东、欧阳澈之为太学生，不知为贾似道颂功德者，亦太学生也。"乌虖！必如其说，则废君道即无桀、纣，废将相即无羿、莽，是必焚符破玺，剖斗折衡，而后天下夷然无故尔。夫两利相较，取其重者；两害相较，取其轻者。学校非无害也，而润泽于天下为多，故君子取之。自天府既废，凡政法律令，下集于学校，上集于柱下史。史氏之职，以死奋笔，足以定是非；受赇抵诬，亦足以乱是非。然而圣王不以舞词弄札之害废史氏者，其利多也。彼学校则犹史氏也。躁竞之士，率群下以造谤者，吾见其纷呶嘈杂，甚嚣尘上矣。购千百泛驾之马，而幸获一要褭飞兔①，不犹愈于购驽马乎？

今行省皆设中西学堂，以救学官之穷，亦以是倾西人之设义塾于中国者。彼义塾之设，招吾屠牧子，教之语言，教之布算，教之格致，而大旨不出乎摩西基督之书。本实既拨，于彼有用，于我无益。虽然，屠牧子可教，则吾士族之子，其可教可知。设学堂以笼之，诚右策已。乃夫聪敏特达之士，阅览博物，不诣学而成，如魏默深②、李壬叔③其人者，今安所处之乎？处农就田野，处商就市井，处工就官府，处士就闲燕，古之明训。政府不能任，而士民任之，于是奔走展转，搜述索偶，以立学会。推其用意，凡民有丧，匍匐救之，所谓以绳墨自矫，而备世之急者，此诚豪俊成学之任，而非童龀彪蒙所与能也。宜有以纠之合之，礼之养之，宣之布之，使比于宾萌，上说下教，以昌吾学，以强吾类。是而不行，人终以科举为清望，而以他途

---

① 要褭、飞兔，皆为马名。《七谏》乱曰"要褭奔亡兮，腾驾橐驼"，王逸注"要褭骏马。言君放远要褭英俊之士，洪兴祖《补注》"应劭曰'騕褭古之骏马，赤喙玄身，日行五千里'。"《吕氏春秋·离俗览》："飞兔要褭，古之骏马也。"

② 魏默深，即魏源（1794—1857），清思想家、史学家、文学家。原名远达，字默深，湖南邵阳人。道光进士，官至高邮知州。他在政治上主张变法革新，也是当时"经世致用"的代表人物之一，参与编纂《皇朝经世文编》，编写《海国图志》，提出"师夷长技以制夷"。

③ 李壬叔，即李善兰（1852—1866），字壬叔，浙江海宁人。清数学家。通辞章训诂之学，尤精算术。为墨海书馆编译，著有《则古昔斋算学》，译补《几何原本》。

飞蝶南，即斐迪南二世（1578—1637），出身哈布斯堡家族，是奥地利、波希米亚和匈牙利君主，后成为神圣罗马帝国皇帝。 由于他狂热支持天主教，压制新教的政策，导致了神圣罗马帝国诸侯的公开反抗，从而引发了对欧洲历史具有决定性意义的三十年战争。

为卑污库下，则仍驱高材捷足以从学究矣。彼学究则将捋去其新知，而锢之以故见，所以为教者，不三数传，即无以异于教皇之助飞蝶南也。昔意王飞蝶南，头会箕敛，诛求无艺，民不堪命，教皇佐之，导其民以不识不知，无敢私议，而意卒破裂，教皇亦先后见驱。乌虖，殆矣！

景教之尊，莫教皇若，欧洲诸君长践阼，必得其命；释教之尊，莫达赖剌麻若，蒙古诸酋豪称汗，必得其命。彼非席萝图、操齐斧也①，

---

① 席萝图：《淮南子览冥》："援绝瑞，席萝图。"高诱注："罗列图籍以为席蓐。"后因以萝图为喜庆之物。

朱一新（1846—1894），字蓉生，号鼎甫，浙江义乌人。晚清著名学者，汉、宋调和学派代表人物之一。少时求学于杭州诂经精舍。清光绪二年（1876）进士，选翰林院庶吉士，散馆授编修。十一年（1885）充湖北乡试副考官，转陕西道监察御史。十二年（1886），因上疏言海军用人不当、参劾内侍李莲英事，忤旨降职，旋告归。十四年（1888），应两广总督张之洞聘，先后任广东肇庆端溪书院主讲、广州广雅书院山长。其生平著述汇刻为《拙盦丛稿》，另有《广雅书院藏书目录》《德庆州志》《东三省内外蒙古地图考证》等。在晚清学术史上，无论是讨论今文学、理学或汉、宋学，朱一新皆占有一席之地。王汎森视其为"古文阵营的健将"，史革新则把朱一新列为同咸时期理学"中兴"在浙江的代表人物。朱一新虽学出乾嘉学派，最终却归于程朱，反对当时盛行的考据之风，注重经世致用。其《评〈明夷待访录书后〉》一文收录于《无邪堂答问》卷三。

而异域尊之顾如是，以是知纲纪不可去。绥丹败而教皇弱，喀尔喀宾而达赖微。天地之气，无紫色蛙声①，则统绪必归于正。中国之儒，

————————

① "紫色蛙声"，紫色系不正之色，蛙声为淫邪之声，比喻以假乱真。语出《汉书·王莽传赞》："紫色蛙声，余分闰位。"

图为北京强学会旧址。 办学会、开群智，是晚清维新派人士的重要主张。梁启超曾说："群心智之事则赜矣，欧人知之，而行之者三：国群曰议院，商群则公司，士群则学会。 而议院、公司，其识论业艺罔不由学，故学会者，又二者之母也。"为此，1895 年 11 月，康有为、梁启超等人在北京、上海组织成立了强学会。 虽然强学会政治主张温和，但不久即遭清政府封禁，学会随之解散。 1896 年，全国几乎没有建立一个新的学会。 正是在这样的背景下，章太炎写下《论学会有大益于黄人亟宜保护》一文，猛烈抨击腐败的清政府。

孰敢继素王①，三老五更②，则无世而无其人。馈酱酳爵，北面拜事，吾知其可也。墨家者流，出于清庙之守，尝见斯礼，则而效之，于是乎有传钜子。九服之大，钜子惟一人，其崇与教皇等矣。今纵不欲效西人，宜效墨子；纵不欲效墨子，宜效三代。老更既立，贤哲蔚

———————————

① 素王，即孔子。

② 三老，谓知天、地、人之事；五更，谓老人知五行更代事者。三老、五更皆指年老更事致仕者。

荟，条肄布散，凼衍神恉。不及十年，而六曹大政，必于是受成，则黄种之维纮固矣，此所谓纪也。

吾闻《齐诗》五际之说曰："午亥之际为革命，卯酉之际为革政。神在天门，出入候听。"是其为言也，岂特如翼奉、郎顗①所推，系一国一姓之兴亡而已。大地动揢，全球播覆，内曓中国，覃及鬼方，于是乎应之。方今百年之际，其殆与之符合也哉！故不逞之党，假称革命以图乘衅者，蔓延于泰西矣。中国甿庶驯扰，戴其君长，如临父母，无敢高言孟仔以犯名分者。自与欧美通商，闻见渐异，以至于今五十年。古巴之背叛，称以义军；尼希利党之谋逆②，待以不死。民智愈开，转相放效，自兹以往，中国四百兆人，将不可端拱而治矣。风气之推迁，若有摄力，虽夸父、龙伯不能争。居今之世，将欲壅遏民气，使不得伸，无论其无成绩也。幸而胜之，虽不土崩，犹将瓦解，是自遏抑吾黄种，而反使白种为之尸也。虽然，土崩又非百姓之利也。秋霜降者草花落，水摇动者万物作。故内乱不已，外寇间之。昔者八王相閧，而刘、石逞其志③；张、李横行，我朝以成龙兴之业④。苟有揭竿斩木者，是自战斗吾黄种，而反使白种为之尸也。然则如之何而可？曰：以教卫民，以民卫国，使自为守而已。变郊号，柴社稷，谓之革命；礼秀民，聚俊材，谓之革政。今之亟务，曰：以革政挽革命。

---

① 翼奉，字少君，东海下邳（今江苏宿迁）人，东汉元帝时以中郎为博士、谏大夫，治《齐诗》。郎顗，字雅光，北海安丘（今山东安丘）人，东汉经学家、占候家，治《齐诗》。

② 尼希利党，即无政府主义者（Nihilist）。

③ 指西晋八王之乱（291—306年），晋怀帝被刘聪俘获处死，新蔡王司马腾被石勒所杀。

④ 指明末李自成、张献忠农民起义。

论学校不宜专校语言文字^①

（1899 年 2 月 3 日）

万族不可以卒分，故萌动出险而辐凑乎一区，凑则相处如瘖聋，而交际之道以苦。是故为之鞮译舌人^②，以通其语言者，则交际之始事也。且夫以介葛卢之审牛鸣也，而强之为庙牺则不可^③。虽有鹦鸲^④，不能乐《韶舞》于洞庭之野，彼通其语言，而未通其所以言。今之求国际通，设学者授以语言，而勿授之以所以言，是将使之终于为葛卢、鹦鸲也。教育之，则物理之分，政事之法，此所以言也。习其文者，辄勿能译其义，非直其义，细者至于名物，亦不能宣诸其口。何者？语言文字，则小学之属，《凡将》《急就》之伦且足此，而小学不足以钩深致远，无足怪者。夫两^⑤光相遇之为暗，两声相遇之为瘖，此易知也，而事语言者或勿知，知者顾在于对译理想之士。

噫！智足以穷九域之方言、象书，而于以察其分际，终棍放弗能

---

① 原文载《台湾日日新报》1899 年 2 月 3 日。

② 鞮译舌人，指古代把西方、北方地区少数民族语言译成汉语的译官。

③ "葛卢之审牛鸣"，典出《左传·僖公二十九年》："冬，介葛卢来，以未见公故，复来朝。礼之，加燕好。介葛卢闻牛鸣曰：'是牛三牺，皆用之矣，其音云。'问之而信。"大意是：春秋介国的国君名葛卢，深谙牛性，且能听懂牛鸣叫的意思。有一次，他听到一头牛叫，就判断出这头母牛已经生过三头小牛，而且都被用作供品。后人常以"葛卢识牛鸣"比喻善解牛鸣之义。

④ 鹦鸲，即鹦鹉与鸲鹆，能够摹仿人语。

⑤ "两"，原作"雨"，据上下文义改。

章太炎像。 戊戌变法失败后，清政府下令通缉朝野新党，章太炎"名亦在其内"，乃应台湾总督府后藤新平函招，避地台湾。 从 1898 年 12 月 4 日抵达台北，到 1899 年 6 月 10 日离台赴日，他受聘担任台湾最大的报纸《台湾日日新报》特约撰述，在该报发表诗文数十篇。 1899 年春，时章太炎 32 岁，初次旅居台湾的他，得以畅抒"排满"之见，然寓居日久，所见景况又让他大为感慨，特别是对日人治台政策时作攻讦。

辨，其进不足以措政，其退不足以彪蒙①，斯噂噂者将曷为也？或曰以□服贾，倚軨旁行而无所滞，使其身不操瓢②，以从沟瘠务民德

———————

① 彪蒙：发蒙，启蒙。《易·蒙》："苞蒙，吉。"陆德明释文引郑玄曰："苞，当作彪。彪，文也。"

② 操瓢：指行乞。典出《庄子·盗跖》："操瓢而乞者。"

者，亦足矣。抑不知朝廷所以教士者，将使若是而已乎？且将使之听断以类，明振豪末者乎？且夫始事者，未尝不欲□，草创阔略，□终则皆饥渴以求微言。微言之难知，非攻坚者勿能译也。今亚东之译西书，莫先佛经，彼言之登于九天，入于大湫，洋洋①而不可届者，亦莫若此矣。然检其册籍，以千百计，而译义勿差以铢②黍者，何也？自汉之末，以至唐氏，更六百年，学者转相授受，攻凿及于牛毛，其译述有师法，其名物有定称，而后善失旨尔。然宝性《功德草》之译，留支虽精，犹为昙鸾纠驳，③今即取贝叶经以校大乘，亦庸知其无铢黍之差乎？教育之事，物理之分，政事之法，其微眇者视此矣。今使学者徒从事于口耳觚牍之间，而勿覃思于是，吾见后生之冥冥若摘埴以求途径，无益也。华哉台哉！台哉华哉！

---

① "洋洋"，原作"洗洋"，据文义改。

② "铢"，原作"铁"，据上下文义改。

③ 昙鸾大师在注解《往生论注》"宝性功德草，柔软左右旋，触者生胜乐，过迦旃邻陀"四句时，看到翻译者菩提流支大师把极乐世界七宝比喻为草，并举触之能生胜乐的"迦旃邻陀"为例来说明极乐七宝触之能生法喜之乐，他表示质疑，觉得土石草木皆有其固定形状，与极乐七宝柔软且随意变现并不同，且草在中国汉语语境中多是卑微低贱之意，因此说："余若参译，当别有途。"

哀陆军学生①

（1908 年 7 月 10 日）

捐妻子，违井里，去神州之绝岛，奴虏其身，骏雄其魄，以立功名，非乎？以博尊官厚禄，非乎？俄而练兵处下令曰："陆军学生，来，当与尔辈出身地，高者守备，次即千总，最下乃把总耳！不来者，断汝胫矣。"然诸考试留学生事，月有见告，陆军学生则怒曰："尔曹习法政，空言无实，上选者得编修，次乃进士；学工者才比匠师，亦列位贡举间；最无俚者，凿齿而补以金，犹不失为牙科举人。吾辈辛苦三数岁，入戏下为厮役，讲习戎事，幸而成就，乃反得最劣者。守备、千总、把总，老革朽钝者所为，箠楚尘埃之间，猥贱无与比，而以辱我英骏诸生。叱嗟！练兵处大臣，而母婢也。吾不来，汝断吾胫；吾来者，亦嚏汝脑矣。"

章炳麟闻之曰：学校之祸人，如是哉！原中国初设学校也，在贵族封建时代，其学非以求是，惟致用是务，出身事主为尤急，当其入学，而所志固在升斗矣。后有乡举里选之法，所选不尽士人，人至魏晋，又归重于门地，隋世乃不得不用科举。唐宋诸科，惟进士为华辞，不关学术；秀才则以待阂博多能之士，卒无人能应举者；经、法、书、算，是固一技之长，贤于进士之浮虚也。王安石始合学校、

---

① 原文载《民报》第 22 号，1908 年 7 月 10 日（光绪三十四年六月十二日）。

科举为一，科举愈凋敝不如旧制，学校所务，亦科举无他事，两为学者所鄙夷，则始有讲学者出，自名其家，以与学校、科举相攻。比明世，复以其学合之学校、科举，故陈献章、王守仁辈，各往往变更旧术，传之其人。东林之兴，为学士丛薮，然急功干禄之念，浸益染污，名为讲学，实以自植政党。夸者黄宗羲作《明夷待访录》，以为乡校当闻国政，满洲猾夏，其说卒摈不行。求利禄者，独俛首科举下，腐朽日甚，而倜傥异材，乃以六书、九数名其学，既不习制举事，又异东林之徒裨贩洛、闽以求闻达者，深固伏蛰，且二百岁。夸者魏源，始以经世之术求用。至近世乃设学校，选高材游学异国，上之所望于学生，非为求是，为致用也；下之所以自处，非为求是，为出身事主也。然则学校在官，其污垢与科举等。讲武之术，为国干城，其效用为尤急，与封建时代之学校同流，一堕网中，处处羁绊，立功之念，过于求学；封侯之念，过于立功。盖沦浃精髓，浸淫肝鬲久矣。

往者学陆军得士官，归即被任为标统，不乃处帷幄为画策士，犹未厌足；乍闻守备、千总、把总之命，精魄颓丧，怏怏觖望不已，是亦学生之素情也。呜呼！凡有血气，谁不自尊贵者？谁不爱其天属之亲者？今者弃捐乡里，履波涛而之绝域，情欲已失半矣。习法政、工商事，休沐燕游，犹足以谈笑自乐。今直为戏下台隶，一入联队，囹房之食，不比于人，麦饭半菽，肠胃为焦，老兵视新进者，有若仆围，引重则使之，上食则使之，拭衣则使之，膏履则使之，所以函粪土之中而不辞者，曰他日得为无上军官以自酬故。今则已矣，在外为徒隶，归亦为徒隶矣；在外受罚，无过幽闭暗室以自省过，归且不保其尻脊矣；额手以见贵人，其辱犹小，归且跪道周而迎先马矣。悲

铁良（1863—1938），字宝臣，满洲镶白旗人。 早年曾充直隶总督兼北洋大臣荣禄幕僚，协助处理军事事宜，颇受信任。 后任户部、兵部侍郎，练兵大臣、军机大臣、陆军部尚书，江宁将军，辛亥革命时在南京与革命军作战，后参与复辟活动。

夫！悲夫！天无私覆，地无私载，日月无私照，独薄于陆军学生耶？其父母之生我者，独使我为守备、千总、把总耶？抑禄命使然耶？若素知此，胡不为法政学生，弃军国民之名而收大政党之实？轩车驳马，驰骋畿甸间，一日得与王侯贵人过从，椎牛炮羔，恣所啖食，黄貂狐白，无价宝珠以为璎珞，犹足以自焜燿也。不然，则习筑路视矿之技，亦犹为驵侩尊崇也；不然，虽习马医，尚以一艺自给，未至为他人臧获也。置此不习，乃冒昧趣陆军。呜呼！不可怨天，不可尤父母，亦不可咎禄命也，直龂舌自悔耳！欲少逼留，公使之命，厉若雷霆，敦迫上船，若引重囚以趋市肆，纵傲狠违节制，淹滞旅馆，非有宿舂之粮，犹是生命，独能忍饿死乎？欲遂归国，以赴期会，协统、标统，若天之不可阶而升。藉有善营求工侧媚者，十中才得一二，余复何望？当其营求，而先进之陆军学生，既被任为协统、标统者，复忌刻之。寱寱而思，聚处而议，曰吾辈已得玉案之食矣，勿令后人至，攘吾辈权利也。故虽有轶伦绝群之材，为人龃龉，终不得起。其欲得上遂者，先为徒隶于异国，当复吮痈舐痔，以事先进，然后得循资除授。以若所为，得若所欲，军国民之荣名，竟安在耶？幸而得之，一朝被嫌疑，称革命党，投置闲散，复与湘军提镇归为佣工者等，槁项乡里，卖孔雀翎以续衣食，猝遇典礼，则头戴松枝以出耳！呜呼！谁造此军国民之名者，如狐如祟，惑我神志，使我困苦无告至于此极也。

侧闻铁良规设模范师团于顺天，以维絷陆军学生，勿令散处。得一高官，纵受维絷，比于乘轩之鹤亦已矣，何复污以守备、千总、把总之名也？呜呼！不可怨天，不可尤父母，不可咎禄命，亦不可自艾也。寻忿于铁良耶？死生亦大矣，孰不自爱其首领者？迫而为此，亦不可咎铁良也。

维我天公，何不简择，而生徐锡麟于中国。尔为陆军学生，尔为道员，纵不竭忠事主，为国家作保障，当念道员与陆军学生，固同类也，何因攻难冒死，注铅丸于尔大帅，身既不保，屠肠决肺，陈于市朝，卒无补益，徒以暗杀之名表尔墓道，尔享其誉，人受其疑。为道员者，以尔徐锡麟故，悉堕谗谤，蔡钧被编管，以忧愤死，高尔嘉衣褚关木，雷电击之。为陆军学生者，以尔徐锡麟故，沈沦不起，降在伍伯舆台之贱。嗟兹天公，胡生是子，以祸我道员、陆军学生也？

道员者，皆千金子也，当治一太牢具，上祷昊天，下祭泰社，中告公旦、駉侯之灵曰：自今以后，愿为道员者，毋若徐锡麟矣。陆军学生，往往多蓝缕子，亦操一豚蹄，上祷昊天，下祭泰社，中告蚩尤、穰苴之灵曰：自今以后，愿为陆军学生者，毋若徐锡麟矣。呜呼！祷耳祭耳，尽乃心耳，高高穹苍，能下听乎？澹澹黄泉，能仰受乎？茫茫鬼伯，能与人类通薰蒿之气乎？祠祀无益，祝由不效，其抑者表石于徐锡麟之里曰：尔以暗杀荼毒我曹，屠肠决肺其宜矣，当尔受刑时，吾恨不得分一杯羹，吾犹有尺八匕首，今生活既无赖，宁自引决，与尔格斗于羡道中。不知锡麟之鬼，有所惩创否也？惧格斗而不胜，则徒死亦无补。呜呼！不可怨天，不可尤父母，不可咎禄命，不可自艾，不可忿铁良，亦不可追怨徐锡麟也。

昔尔女娲，搏土为人，青泥白壤，尨奇不纯，既造貉子，复作汉民，将特为此殊形异类以相轧轹耶？其亦于沈醉茗柯之间失念而为此耶？藉令汉人悉变化为满洲种类，陆军学生则犹是八旗贵胄，何所岐异，而当疑为刺客革命党人？然则取珊瑚顶、获麒麟师子之绣服，犹拾芥也。今也则亡，受命不迁，生死南国。女娲祸若于前，轩辕、嫘祖祸若于后，块然七尺，终已不得谥为满人。其上书愿著旗籍耶？偷取官位，何以上对祖宗丘墓。其自承为汉人耶？牙旗羽节，于我绝分，空受数岁之劳，而不可得豪厘之酬报。进退道穷，羝羊絓棘，人生不天，未有如陆军学生之甚者也。

呜呼哀哉！逢逢白云，一东一西，一南一北，朝出军幕之上，夕

徐锡麟（1873—1907），字伯荪，号光汉子，浙江绍兴人。 1901年任绍兴府学堂教师，后升副监督。 1903年应乡试，名列副榜。 同年以参观大阪博览会名义赴日本，于东京结识陶成章、龚宝铨，并积极参加营救因反清入狱的章太炎的活动。 回国后先在绍兴创设书局，传播新译书报，宣传反清革命。 1904年在上海加入光复会。 1905年在绍兴创立体育会，后又创立大通学堂，规定入校学生均为光复会会员，参加兵操训练。 同年冬赴日本学军，因患眼疾未能如愿。 1906年归国，赴安徽任武备学堂副总办、安徽巡警学堂会办。 1907年7月6日，徐锡麟在安庆刺杀安徽巡抚恩铭，率领学生军起义，攻占军械所，激战4小时，失败被捕，次日慷慨就义。 图为就义前徐锡麟写的绝命书。

在戎游之下，快哉云耶，宁知陆军学生之苦？明月案户，海水上潮，方舟回复，喧阗海隅，宇宙虽乐，又焉知陆军学生悲也？勃鸠晨鸣，乾鹊啸群，蝯猱跳梁，牛羊下括，鸟兽虽顽，犹有乐事，如我陆军学生何？相彼唐园，林木汜移，梧桐竹柏，郁青自喜，尔曹无情感，如我陆军学生何？伊威在室，蟏蛸在户，瓜葛蔓生，野马动扰，有知无

图为日本陆军士官学校正门。 章太炎撰写《哀陆军学生》的起因是 1908 年 4 月 29 日 "留东学生监督处" 发出《公布书》: "案照练兵处章程第十六条，学生在日本士官学校毕业，充见习士官则满，除考入大学校及各专门学校外，其余回国。 由练兵处就其历年所学一一考试，最优者奏请授职守备，次者千总，次者把总。 此项武职，即作为该学生等出身等因。 现在士官学校第四期学生已届毕业，无论志愿回国，或志愿继续留学，一并送部考试，希即一律来处领取川资及咨文赴京投考。" 当时身处日本东京的章太炎，在阅读《公布书》后撰写此文，为陆军学生鸣不平。 文中，章氏特别强调道德在革命及其在政治上的重要性者。

知，亦各有以自得，如我陆军学生何？北山蒿里，积尸在泉，冥卧千载，不知岁月，尔曹能长往，终无哀乐，如我陆军学生何？上山采药而得黄连，下泽求蔬乃获瓜蒂，其味已苦，曰不如我陆军学生苦。昨者江户之滨，雨雹如鸡子大，其以陆军学生之怒，致此震动。东风为陆军学生吟，浮云为陆军学生阴。鸣箛以送陆军学生，陆军学生涕泗随之；举觞以钱陆军学生，陆军学生曰：吾自有泪饮之，不烦设醴酒也。学生有马，号曰的卢，以主人将就道，嘶而送之，不悟主人嗌先嗄矣。呜呼！闻斯语者，虽形如槁木，心如死灰，其乌能无恻隐之情哉！抑吾闻之，往者不可谏，来者犹可追也。

海外办学方法①

（1916 年 10 月 2 日）

　　鄙人自投身革命以来，与南洋同志，通讯已多，而皆未尝晤面。此次南来，以简君英甫之介绍，得与诸君子相见，诚属幸事。惟近数年来，国事纷繁，难于计数，鄙人又不谙闽粤语言，深恐心所欲言，不能尽出于口，口之所言，又不能悉达于诸君子之耳，是又一大憾事。兹于国家利益，且置不谈，但专为南洋谋进步耳，若得改良，则前途希望甚远。

　　今以二事望于诸君：一、人在异乡，本有同舟共患之势。南洋各地，本无所谓朋党也，以康长素及孙中山、陶焕卿②等，迭次南来，渐有所谓朋党，而一般热心之华侨，各以爱国热忱，奔走呼号，不遗

---

　　① 原文载新加坡《国民日报》1916 年 10 月 4 日第六版。《章太炎全集》题为"在新加坡南洋烟草公司欢迎会上之演说"（《演讲集》上册，第 224—226 页），此标题为编者所拟。

　　② 陶成章（1878—1912），字焕卿，号陶耳山人，浙江绍兴人。中国近代民主革命家，光复会创始人之一。少有志向，以反清复汉为己任，先后两次赴京刺杀慈禧太后未果，后只身东渡日本学习陆军。回国后积极参与革命活动，奔走于浙、闽、皖各地联络革命志士。光绪三十年（1904）冬，与龚宝铨等在上海组织光复会，推蔡元培为会长。光绪三十一年（1905），与徐锡麟创办大通学堂，遍招浙东会党骨干入学。次年在日本加入中国同盟会。三十三年回国，任教芜湖中学，联络浙皖起义。事败避走日本，后赴南洋活动。宣统三年（1911），武昌起义，杭州光复，被举为浙江军政府总参议，参与江浙联军攻克南京之役。中华民国创立后，他力辞接任浙江都督，积极准备北伐，设北伐筹饷局、光复军司令部，任总司令。1912 年 1 月 14 日凌晨，陶成章被陈其美指使的蒋介石、王竹卿暗杀于上海广慈医院，年仅 34 岁。

余力。其后有保皇党、同盟会、光复会三派。辛亥以后，保皇党已无复存，其余承内地党员之嘱咐复改组为国民党、共和党，最后又有进步党入其间。在发愿入党者各有深心，然争端亦因之而起。夫各党并立，彼此以政见不同，互招异议，此固无可讥议者。然前此南洋各党之机关报所攻讦者，与国家大计，或无重要之关系，往往于个人私德上，指摘谩骂，致使此党彼党，化公愤而为私仇。且人之私德，既无实证，初则指斥小过，终复加以诬蔑，而是非混淆，黑白挠乱，此于道德智慧，皆进步阻碍之最深者。

兹幸共和再造，凡我华侨，无论属在何党，要其愿入党会之心，皆因爱国而起耳。目下党见已渐消除，有互相提携之望，斯则鄙人惬心慰志之事也。抑鄙人犹有言者，消除党见非即不党之谓，盖欲消除各党之畛域，而成一大民党耳。兹北京议会中，各党已渐联合，此间各党，苟能联合进行，则南洋各岛，当永为吾中华民党根据也。

二、南洋各岛华侨，不下数百万，谁无子弟？谁甘奴隶？欲子弟不甘为奴隶，则教育尚已。近知华侨所设小学，已达百余所，毕业亦颇有人，但小学知识，究属有限。今欲高大生徒之志趣，非筹设中学不可。中学生徒额设二百名，每年经费不过三四万，事尚轻而易为，其校长及教员，须敦请祖国学行优长者为之，所有课程，可就教育部规定者，斟酌地方情形，略为变通办理。而于本国历史、本国地理，及普通法学，犹宜注重。盖海外办学与内地办学不同。内地办学，务使生徒知世界大势；海外办学，并宜使生徒知国内情形，故中国地势物产、风俗人情，与夫历代之治乱兴亡，及圣贤豪杰各事业，均宜深晓。知前者则不至视归祖国为畏途，知后者则能发起志愿，不甘下就。至于普通法学，更为自为保卫所必需，有此知识，人自不敢以非法加我矣。诸君子热心爱国，对于教育一项，如能筹设中学，俾底于成，则为福南洋子弟当匪甚少。鄙人近闻南洋各学校隶闽者有派，隶广者有派，隶潮、嘉者又有派，此虽以各方异语，不得不暂为区分，而终不可长久也。

总之，吾南洋华侨宜以大公无私之热心毅力，化除偏见，消去畛域，凡关于政党、学校诸端，联络进行，将来吾中华民国之隆隆日上，当为诸君子是赖。鄙人谨拭目俟之。

海外联合各党必从教育入手①

（1916 年 10 月 11 日）

鄙人前在石叻，初接见同志数十，一昨到屿，又日与诸君子相晤谈，无任欣幸。

吾国内政，将来能改良与否，实不敢知，惟南洋同志，苟得一其意向，自可为国家助力，而联合意向之要旨，不外二端，一宜对于各党，不分畛域，二宜注意教育之进行。何以言之？教育不良，则贫富之阶级攸分，语言之隔阂益甚，故贫者力谋改革，而富者不愿也。一方兢谋爱国，而他派不知也。于是有党，于是有派，于是有党中之党、派中之派。若教育兴，则贫富无阶级，语言不隔阂，而党派日泯其意见。

此间本无所谓党，自康长素来，而保皇以立；自同盟会发生，而革命党先后戾止；自光复会兴，而革命自分为二，遂为国民、共和二派之基本；自立宪派加人，而进步党又起。党派愈多，意见愈歧，究其实在，要皆阶级不除，语言不通有以之。现在保皇党名目已经取消，而进步党之在内地者，多以官僚为中坚。槟城无吾国官僚，则槟城进步党人，亦不过挂名党籍而已。袁世凯窃国，消灭国民党，解散国会，势焰所及，各党敛迹，迨袁氏称帝，国民党急起声讨，而共

和、进步二党亦同时并起。故由吾人观之，此次革命成功，三党均与有力，而国内各党鉴于前此之纷争，为袁氏乘机利用，几被消灭，此番既同心协力，推倒袁氏，已各派意见，互相联合，京师上海几渐就诸。此间党中情形，虽尚未知，当也无不乐从也。以鄙人观之，有一事最是阻挠党务之进行者，即嫉妒心与狭心也。盖革命成功，人之争权夺利，各不相下，故成纷扰之现象，辛亥以后是已。兹则诸党要人，幸无争竞，故得有调和之希望，国内如此，海外可知。设诸党仍纷争不已，则前之为袁利用，贻患犹浅，今后君为帝制党利用，其害尚有不忍言者。故今日诸党自息为端，实为联络之最好时机，时机一去，争端又起，虽欲调和，不可得矣。此鄙人对于党事之微旨也。

何以言联合各党必从教育入手也？良以革命党有知识优长者，有知识短浅者，程度不齐，物议以起。世人谓革命党人但知破坏，不知建设，盖有由来也。兹吾人欲从事建设，当高其知识，欲高其知识，当注意教育一项。尝见往古开国良才，其始亦祇有马上事业耳，则以功成以后，仕学兼营受其常识充足之教育也。是以草泽英雄，素不识字读书，其后为国宣劳，亦颇博人嘉许。近世如清之刘坤一、蒋益沣一流，皆属草泽英雄，亦未尝不可勉强办事。何也？以事后稍受教育，故能破坏者，苟稍加以知识，未有不能建设者。此种人之品格，较诸官僚，实有过之。盖官僚中虽有贤良公正者，与帝制党或系旧交，未必能断绝关系，而廓清腐败政府之观念亦弱。革命党人素与帝制党相抗，而廓清腐败政治之念较深。故曰欲改良政治，非使破坏者谋其建设不可，欲使破坏者谋建设，非注重教育不可。一党之中，受教育者多，则党势坚定，受教育者少，则党势薄弱。国民党之健全分子皆曾受教育人也，至于海外，则渐不相及矣。

　　鄙人在石叻，曾倡议设一中学，其办法稍参酌地方情形而变通之。大概南洋一带，办理中学，不必注重实科，应以普通法律及本国历史本国地理为其主要。应使学者得知本国情形，而发生爱国之真忱。其风土人情、物产地势及古今往来英雄豪杰之事业，了然于心，则政治改革，不难参与其事也。

　　总之，今日所宜知者，第一须联合诸党以抵制帝制余孽，第二须振兴教育以为政治知识之根本。事果实行，即南洋同志可为国家之助，而国家亦惟南洋同志是赖，十年来之苦心经营为不虚矣。

辛亥革命期间，为了宣传革命，在美洲及南洋地区的华侨积极创办进步报纸，建立阅书报社，比如有美国旧金山的"金门少年学社"、古巴的"三民阅书报社"、新加坡的"公益日报社"、马来西亚的"益智书报社"等，开展各种革命宣传活动，向广大华侨传播中华文化和革命思想，增强了他们的民族爱国意识，对于发动广大华侨支援或参与革命发挥了重要作用。冯自由《革命逸史》一书对此有详细记载。

南洋侨胞当大兴教育[①]

（1916 年 10 月 17 日）

兄弟南来，虽为日无多，亦略识此间状况。今日所切望于南洋侨胞者，大兴教育是矣。何者？非教育不能养成侨胞子弟之永固爱国心，非教育不能破除资本家贫富阶级之陋习，非教育不能作在外谋生之保障，非教育不能望享外国法律平等之看待。夫教育之道非一端，而以国民教育为要素。海外侨民之教育与国内平民教育又稍殊。近年南洋教育虽略有进步，然尚须研究一个完全办法，方不负出资兴学者之苦心。凡教育之最要者，莫如多设小学，而侨民小学之最要者，必须用普通语为教授。而尤其要者，则宜从速筹办中学，诚以中学乃国民教育之人才制造厂也。我国人尚有一种天然之积病，在乎言语不能统一，交通上既形窒碍，感情上亦生出许多误会。在国内南北省如是，在海外各埠亦然。至南洋侨胞，以闽粤人为最众，惟常以方言不同，交接亦不甚亲洽。广府音与客语差别，甚或有谓客家非广东人者，此团体所以不能团结，而社会与国家，亦均受无形之牵累也。查马来半岛华侨所设之小学，不下数十，各以方言为教授尚多，非从小学入手，一律以国语教授不可，欲造成共和国民资格，非从速筹办中

---

① 原文连载于新加坡《国民日报》1916 年 10 月 31 日、11 月 1 日、11 月 2 日。《章太炎全集》题为"在吉隆坡青年益赛会上之演讲"（《演讲集》上册，第 229—231 页），此标题为编者所拟。

学不可也。

吾向闻南洋华侨子弟偏重两文，多有不识祖国为何名，本身为某省某县人者，此非其子弟之过，实为父兄者不讲国民教育之过。惟设中学，则有地理历史之教科，使知其身与祖国有密切之关系，自能感发其爱国心，而养成其国民之资格也。前时革命党人南来，提倡救国主义，虽已唤起一般华侨之爱国心，然热诚为党人所唤起者在一时。若今后少年人之爱国心为中学所养成者，则永久不变也。吾故谓非教育不能养成侨胞子弟之永固爱国心者此也。

我国已改建民主政体，本无贵贱阶级之可言，惟贫富之阶级，有非法律所能破除者，如资本家之对于伙伴，大都颐指气使，总不免骄矜之陋习，此便是有贫富阶级之见存。夫南洋创业富人，其财产多由祖父传来，赤贫儿忽然暴富，理当无贫富之阶级，惟闻君辈富人，多不识祖国文字者，望其富而无骄，戛戛乎难矣。然吾人须知世界上犹有胜于金钱者，道德学术是也。如教育大兴，侨民后进之英，多有道德学术，即可以与富人争衡，至是而资本家自不能骄矣。且富人子弟，既受此完善教育，亦必有道德学术，更不屑为骄矜之言动矣。吾故谓非教育不能破除资本家贫富阶级之陋习者此也。

百数十年来，华侨之在南洋起家者，固不乏人，然未必尽由学术而来，不过藉天时地利之助，幸获机会耳。如办矿者具一种冒险性质，挖得锡米仓，即作富翁，试问其曾肄业于矿学诸书否乎？如业种植者，全靠此南温带之好天时，园艺稍事整理，即获厚利，试问其曾寓目于植物学等书否乎？

然或者曰：此间马拉人，亦同享此天时地利，其生计何以不发达？此则由于我华人之知识，略优于彼族故也。倘有别种人，其学术较胜于我者，与我竞争，侨胞不及今力图振作，难保将来不落人后。英国虽素来主张自由营业，然英商在南洋所设矿务种植各大公司，气雄力厚，实足以垄断我侨民之利权。试回想前数年，炒树乳股份之投机家，良可惊也。又如日本人之南洋种植事业日益展发，复以其经验成绩，著为树乳专书，为饷其国人，极力研究，其近年组织南洋种植社会，尚骎骎不已。二十世纪为商战时代，苟无营业之实学，生计必有穷促之时。惟有中学，则农工商矿植物诸学，切有切实之教授，吾故谓非教育不能为在外谋生之保障者此也。

更如我华侨现在居留地法治之下，究竟能与白人同受法律平等之看待否？其大原因虽关乎国势，然亦缘于多数侨民无普通法律之知识，又何怪外人不以平等待我？苟吾人皆识普通法律，外人有不另眼相看乎？吾故谓非教育不能享外国法律平等之看待者此也。

是知上举四事，必改良小学教授，始足为制造国民之根基，尤必速立中学，斯足以扩张筑固侨民之大业。然而更有进者，办学之道，必须有办学之人才，乃得良好之效果。窃闻南洋学董，常有妄行干涉校长、教员之权限者，此或由于地方习惯使然。吾谓学董既已尽捐资兴学之义务，已足享受名誉矣。若夫用人与教法，则校长、教师之责也。《语》云：耕当问奴，织当问婢。耕织小事且然，而况为教育之职务乎？吾甚望兴学者，一切须切实改良，则教育前途必日益进步，固侨胞之福，亦中国之幸也。

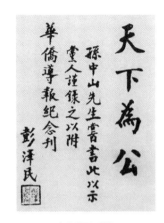

彭泽民（1877—1956）　　　　彭泽民手迹

中国青年益赛会，是清末华侨中的革命小团体。益赛会原为英国美以美教会在吉隆坡所设立的联络群众的组织。1906年（清光绪三十三年）孙中山来吉隆坡组织同盟会，遂由彭泽民出面，以"中国青年益赛会"的名义，宣传同盟会的宗旨，发展会员，并在进步青年中发展革命工作，有力地促进了华侨中革命运动的发展。在彭泽民等人的努力下，益赛会组织定期演讲，还设立书报社，为群众提供革命书刊，也为革命者活动提供了活动场所。

与鲁涤平谈学校不可侵占文庙^①

韵盦主席执事：

径启者。近知浙江师范学校迁居文庙，唯大成殿尚仍旧贯，余自两庑以外，皆被残毁，而大成门且改作寝室。浙中耆宿，合词控告，得批俟教育厅核覆。窃谓尊崇先圣，人心所同，虽祀典已废，向往之情，终不可夺。执事于此，当自有主张，不应委之属吏。且浙人于阳明、蕺山、梨洲诸先生，尚推崇极至；夫宣圣之于三君，犹水木之有本原也，今坏其门庑，是拔本塞原也。有主此议者，吾知其自外于浙人矣。外人之在租界，佛寺、神庙，无不加意保护，租界寺庙不征巡捕捐。而吾政府之于礼拜堂，亦从未侵其一草一木。今以国人而坏文庙之门庑，是视文庙不如礼拜堂，且尚不如外人之于佛寺、神庙也。有主此议者，吾知其自外于中国人矣。

况泮宫左右，宋高宗所书石经具在，今人得一宋本经籍，尚珍如鸿宝，而于石经反任其暴露，是非颠倒之甚乎？查文庙右方，自尊经阁至浙藩首学止，本昔时黉舍所在，以此位置师范学校，有何不可？如以地址不足，其南畔旧杭州府署并诸空地尚多，以此建筑学校，岂不绰有余裕，而必侵逼文庙耶？鄙人去岁曾游北平国子监，见文庙渐已残散，瞽师拆字，设肆其间，然官立诸学，犹未任情圈占，窃瞰北

---

① 据杭州名人纪念馆提供手稿及《制言》第二十期，见《章太炎全集·书信集》下册第 1211—1212 页，此标题为编者所拟。

杭州文庙，原为南宋临安府学所在地，始建于宋高宗绍兴元年（1131）。 此后府学除焚毁重建或规模增扩外，至光绪三十一年（1905）废科举制度后，一直是杭州的官办学府。 现址位于杭州市上城区劳动路 57 号、西湖东南侧的吴山脚下。

方之为政者，虽出自绿林贾竖，①尚知礼义之不可犯。今执事当轴处中，不加裁制，岂自视并不如北方诸首领乎？

应请饬下教育厅，将文庙西偏尊经阁迤南等地，辟为师范学校；其自文庙头门以内，一切无得更动，以尊先圣而保古迹，全浙人士幸甚。事关最高文化，不得不竭诚责难。唯达者鉴之。

章炳麟鞠躬（一九三三年十月）

---

① "出自绿林贾竖"，《制言》作"或起草泽"。

鲁涤平（1887—1935），字咏安，号韵盦，湖南宁乡人。 辛亥革命时，任湘军四十九标排长、队官、督队官，参加援鄂之役，升第三营管带。 民国成立后任团长。 1915年加入中华革命党。 参加驱逐傅良佐、张敬尧的战役，任第一师第三旅旅长，后升第二师师长。 1923年通电拥护孙中山，奉命援粤，任湘军总指挥兼第二军军长，所至有功。 1926年参加国民革命军北伐，攻克南京，升国民革命军第二军军长，后兼任第四集团军第一军团总指挥。 1928年任湖南省政府主席兼清乡督办，次年，任湘鄂"会剿"总指挥部总指挥，负责对湘赣革命据地进行"会剿"。 次年任武汉卫戍司令，调江西省政府主席。 1930年12月，积极"围剿"中央苏区，任南昌行营主任、"围剿"总司令。 1931年战败后，调浙江省政府主席。 1934年12月因病乞休，被特任为国民党军事参议院副院长。 1935年病逝于南京。

但焘《改革学制私议》引语跋语^①

【原文摘钞】

立国者必崇教化。学校者教化之本原，而人才之所自出也。古者，自天子之元子至于庶人，无不入学，岂其时为士者如朱文公所疑其家各已受田，得自食其食，不仰给于官耶？何其养士之费阙而不详也。周衰，井田废，士始患贫。而国家于教士之外，复有养士之责。自汉、唐以迄有清，皆教养兼施。凡黉舍、廪饩、被服、赐赍、奖劝之岁，费皆供于有司。虽在外族入据之代，不能革也。今以穷窭无藉之政府，责以养固不可。然而营业之举，则必当停废矣。

【太炎引语】

政府设学，所以异于私塾者，为其不以金钱卖口舌也。今者敛民之租税，以设百官，莅庶事，民力已竭矣。于俊秀之入学者，复征其听读之费，所谓教育者安在哉？昔汉顺帝更修黉舍，凡所造构二百四十房，千八百五十室。质帝时游学生三万余人。唐太宗置书算博士三百三十员，国学八千余人。自宋以来，州县遍设学校，而师生授受之制，终明世未尝废，然皆取办于国家经费，无征费之令。学校以外，宋、明、清复有书院，皆发帑置田以给学费，未尝令学徒出资也。是故中国二千年以来教术虽疏，然政府犹知为义务也。今者政府设学教

---

① 据《华国月刊》第 1 卷第 7 期，1924 年 3 月 15 日出版。

士而征学费，则是设肆于国中，而以市道施于来学之士也。学生为买主，而官校为商场；毕业之证，廉价之券也。

【原文摘钞】

古者学出于官，空言著书，马贵与所讥。班固《儒林赞》：自武帝立五经博士、置弟子员，设科射策，劝以官禄，讫于元始，百有余年。劝业者寖盛枝叶蕃滋。一经说至百余万言，大师众至千余人，利禄之途使然。晋人尚空谭，干宝《晋纪》总论极言其弊，谓风俗淫僻蘼尚失所，学者以老庄为宗而黜六经，谭者以虚薄为辨而贱名检。《晋书·儒林传》序云，"指礼法为流俗，目纵诞以清高。"顾亭林谓：国亡于上，教沦于下。羌戎互僭，君臣屡易，皆林下诸贤之咎。朱文公《学校私议》曰：其所以教者，不本于学校之实，而所谓艺者，又皆无用之空言至其甚弊；则所谓空言者，又皆怪妄无稽而足败坏学者之心。今之号为博士，据皋比以骋说辞者，稗贩外籍撦拾老墨，口伧夫之言，行正始之行，身无守城之实用而缴绕浮言，学非柱下之史官而诋诃礼法，厌政典之赅详则视同朝报，恶纪传之浩瀚则目为家谱。学子奉为大师，书贾倚为奇货。其咳唾余沫犹足沾溉四方，中夏数千年声明文物积无数，贤智豪俊所封殖而不足者一二。妄庸教员，裂之而有余。此重清谭、轻实学之弊，所当革者五也。

然则欲革五者之弊，其道奚由。曰设正额生，不取其费，入学毕业考试，政府派员监临。考官、同考官由政府于大学中外教员及鸿儒硕学中简充，至期扃试。监试、读卷、糊名、录朱、磨勘之法，一如科场故事。取中之额，务求精核，苟非其人，宁阙毋滥。或全场不中选，则率予报罢。其有冒滥者，教育部得调取覆试以定去留。经史、政治、法律、经济，中国固有之学以中国为主，凡九通、廿四史、通鉴、纪事本末、明清会典及切要书籍，由政府出费刊行，人予一部，以资肄业，毕业缴回。书史浩瀚，若者选读，若者专精，悉禀于教授。而教授之辟，请自宰辅，以至白衣，不拘官等。毕业无年限，以能毕课程者为限。其现有学生，俟考试毕业后即依新制先置豫科大学教员，如辟请不易得，或设特科以征求之。外学则暂以外人充选，而本国人为助教。学子不由本国毕业，而挟资赴外国大学，倩人作答，或抄袭中国诸子学说，冒加己名，给取博士名号者，但得称某国某大学䂵克䂵尔，不得泛称博士，以别于本国学士亦如之。本国学子不由学校而有著述者，得呈著述于大学，由教授公同评定，合格者得予以学士称号，或博士学位。大学毕业生，内发院部，外发省府县，观政自一年至三年，期满注，拟荐任官初级及幕职科员。盖学成而不使入官，无以慰其期望则怨。爵生擢用过优，无以练其才识，则骄矜萌，皆非器使之善法也。然后辅之以书院，广之以特征。书院以宏教化，特征以广登进，庶乎可称良制。世有哲士，当不河汉余言也。

【太炎跋语】

案学校本中国旧制，特清时校官失职，绝无讲授，人遂以学校为新法耳。南皮在时，已为浮言所吓，无怪其余也。然自昔设学，论者早谓学生为国蠹，无可如何，始以科举取士，又以科举无教士之实，于是始兴书院。究之方闻之士，经世之才，多于大师讲塾，儒人学会得之，次则犹可于书院得之，而正式学校无与也。今者学校丛弊，业已不可爬梳，如一切废置，则政府阙教育之责，如因循不改，则学校为陷人之阱。余意惟有严定学额，不取学费，则国用足给，而学子亦不至以买主自大。植之斯论，大端与私意相合。然法立则弊生，人存则政举，果能见之施行，亦待之其人耳，非今日柄政者所得藉口也。章炳麟记。

但焘《学校大法论》引语[①]

【原文】

世有治乱，法有因革。知因而不知革，无以达变；知革而不知，因无以守成。因革者，国之矩范也。矩范之动，成败之基，不可不审也。

晚清臣僚，效法远西，更易学制，泛于民国复有损益。溯改制以来，垂二十余年矣。而教化不流，风俗日偷，除去革命之初，学子以别有传授，得行其志外，其他著绩于政事、传化于风俗者，实未得一人。国家一有事故，则相顾惶愕而不知所措。甚者，耳食远西偏颇之论以为神奇至欲拔本塞源，弃捐一切以从之。建立新制，本冀作育人才，反以蛊惑民志。斯则言更学制者，所不及料也。虽然，此特制度之弊，非学校之罪也。中夏之有学校，自三代以泛晚清，莫不有其大经大法，国家由之，以官人师儒禀之，以教士为之士者，束身名教，日渐月摩，志虑不易，耳目纯一，及其出黉舍而入世也。穷而在下，则可以化民正俗；达而在上，则可以佐国康时，斯其明效大验也。今去古虽远，而其设学立教，因革损益之陈迹灿然具在，所以兴滞补弊者，固不患无其道也。

其道惟何，亦曰立大法而已矣。并世之人，上智少而中材多，少

① 据《华国月刊》第 2 期第 3 册，1925 年 1 月出版。

年在学，习与性成，犹泥之在钧，惟甄者之所为，若金之在镕；惟冶者之所铸，诚能树立大法。扫除旧污然后假以岁月修古，昔圣哲之教化而振起之甚易事也。

【太炎引语】

学校教士，国家选士，非树立大法，则教化不流，政治无本。是故学校之教士，异乎学会之讲学。其在学会之学士，倚席讲论，群流竞进，异说蠭起，而其是非去取，一任之学者之抉择，无俟乎国家之豫设科条，以为裁制也。而国家之教士官人，则法制不可不豫立。中夏之立学，皆有法式，如周之三德六艺，汉武之崇尚六经，汉宣之石渠讲论，皆特立准绳，纳之轨度者也。至唐之《五经正义》，宋之王氏《新义》，明之《四书五经大全》，且特著成书，颁之学宫矣。当此之时，校官之岁考月书，国家之登进，皆循此以为统摄整齐之法，然而在野学士之著书腾说，互标新义者不禁也，是可法矣。

【原文】

或曰：今之学制来自远西，盖师儒之不得人，非其制度之失也。余曰：记有之广谷大川异制，民生其间者异俗，刚柔轻重迟速异齐。五味异和，器械异制。修其教不易其俗，齐其政不易其宜。中夏立国，自有渊源，亦各从其宜耳。且西国有宗教以为钤制，故得旦夕苟安，我无宗教之约束，而入彼异说自决堤。防斯记所谓杂施而不逊，则坏乱而不修者也。吾见各是其是，各非其非，为学者驾空而翼，伪修辞者厌常而喜新，居官者党同而伐异。记曰：讲信修，睦谓之人利；争夺相杀，谓之人患。又曰：坏国丧家之人，必先丧其礼。由今之道无易今之学制，不致争夺相杀坏国丧家亡人不止，滋可痛也。

【太炎引语】

《大学》一书，自格物致知，诚意正心，以至修齐治平，可谓内外一致，显微无间者矣。（按：孙中山最近讲演，亦谓西土所谓新文化，不及《大学》所言之纯密。）学校大法，必以《大学》为本，其他形而下者，采远西之所长，以供吾用可也。诚意正心修齐治平之道，为中夏夙所讲肄，修之于身，则为德业。施之于治，则为事功。外人之俊秀者，方将求师于我，如隋唐故事矣。兹所条具者二事：一曰定学科，学科之中，文学以中夏之学为主；二曰质科，不属文科者隶之，辅以远西之学。曷言乎文科以中夏为主也？推迹中夏文之为义，盖有二端：一曰文者对质而言，故法律、哲学属焉；二曰经天纬地之谓文，故政治、经济属焉。孔子曰："道之以政，齐之以刑，民免而无耻；道之以德，齐之以礼，有耻且格。"政刑、德礼二者之分途效绩，孔子已剀切言之。司马子长深晓此恉，著《礼书》以发明之，其言曰："礼由人起，人生有欲，欲而不得，则不能无忿，忿而无度量则争。先王恶其乱，故制义以分之，养人之欲，给人之求，使欲不穷于物，物不屈于欲。"夫颜子在陋巷，一箪食，一瓢饮，人不堪其忧，而颜子不改其乐。自哲学观之，颜子衷怀冲淡，不以得丧萦情，可谓正其谊不谋其利，明其道不计其功者矣。然自政治、经济观之，颜子盖穷而无告，有待国家之振救，子长所谓欲穷于物者也。今之强藩列镇，承袭袁氏之遗毒余烈，坐食东南，连营千里，争城夺地，所过为墟，子长所谓物屈于欲者也。外人拾格物致知之绪余，其于养欲给求之道，肄之至勤，而贪饕险诐，质朴日消，恩爱寝薄，众厌寡，智欺愚，勇威怯，壮凌衰，奸邪不可胜者，盖不一之于仁义，而一之于情性，子长所谓两失之者也。

陈宠曰："失礼入刑，相为表里。"宋之明法科，有试兼经之制，明举子第二场试判五道，刘晏理财，朱文公行社仓制，近时曾国藩办团治兵，皆用士人，哲学、法律与文科之选相为用昭然矣。彼外人者，于致知格物之道，湛溺于物质，而不反求之本心，百家众技，杂兴并进，昔日之以奇技淫巧蛊惑君主者，今则以之蛊惑民众焉。学校重智识而薄德性，昔日言利之臣，敲剥民众之脂膏以事一人；今之百工，滥兴不急之货，敲剥内外之脂膏，以事大駔。本国邻邦，不足供其朘削，又顾而之他，山陬海澨，技巧之品毕陈素封之子，学士为其谋臣，公输为其勇将，产业虽兴，利入巨室，而庶民仅沾微末，斯则朱文公释格物为穷致事物之理之偏也。郑注："格来也，物犹事也。其知于善深则来善物，其知于恶深则来恶物。"盖犹物来顺应之义，王文成所谓真知力行者，庶几近之。夫宋之道学，犹今之哲学也。如濂溪之在南安，立决疑狱；明道之令晋城，教养兼至；朱文公之在南康，讲学救荒。皆能出其绪余，施于政事，非若外人哲学之专尚空语也。至夫心学末流，如颜山农之与寡妇讲学而给其财，何心隐之略富室子而要取赎金，李贽之讲学僧舍而聚妇女宣淫，则讲学之余敝，心学大师不任咎也。今之治文科者，无坐怀不乱之操而言恋爱，无民胞物与之志而言共产，语曰其父杀人，其子行劫，则又颜、何、李之所窃笑也。此文科与哲学、法律不宜分之证佐也。

【原文】

颜之推曰：夫文章者，源出六经。诏命策檄，生于《书》者也；序述论议，生于《易》者也；歌咏赋颂，生于《诗》者也；祭祀哀诔，生于《礼》者也；书奏箴铭，生于《春秋》者也。朝廷宪章、军旅誓诰，敷显仁义，发明功德，牧民建德，施用多途，深以文人轻薄为戒。白居易《与元微之书》曰：文章合为时而作，诗合为事而作。欧阳修谓：吾所为文，必与道俱。章太炎先生曰：文章虽与风俗相系，然寻其根株，皆政事隆污所致。怀王不信谗，则《离骚》不作；汉武不求仙，则《大人赋》不献。余按：周文王、汉文帝之得谥，为文以其事功，而非以其词藻。高阳才子、诸葛名士，以其德业而不以其词章，使行谊不修，莅官无用，斯亦不足观也矣。子舆氏曰：徒善，不足以为政，此为文人道学之从政者言也。又曰：徒法，不能以自行，此为法家言也。唐玄宗诏曰：进士以声病为学，多昧古今；明经以帖诵为功，罕穷悒趣。昔之进士有类今之文科，而昔之明经有类今之法科。然今之学子，摭拾伧夫市卒之语，而无樵歌牧唱之天真。检条文钞口义，而不明法意。视昔之进士明经，相去又远矣。昔人谓自集部盛，学子摭其流大奸，能为大忠之文至拙，能袭至巧之论。自海通以后，译学大兴，学子稗贩古鲁巴讬金、马克司之说，人人言无政府谈共产矣。夫施政创制，在乎救溢扶衰，非务惊世骇俗也。今以无政府主义为高深，孰若释氏之清净寂灭、无家庭无人类者尤为玄远乎？共产之制，则三代井田，许行重农之旧制陈说，不得以外说晚出而惊为神奇也。

　　抑余以为，徒习浅近法政阘然媚世，如昔之胥吏及操刑名钱谷业者之所为，则又政法之敝也。夫胥吏之把持财赋铨选，以货贿为高下出入，与议员之假豫算决算同意阁僚，以博好官厚货者何异？业刑名钱谷者之为人巧避考成恣取漏卮，与律师之为人脱罪漏税者何异？时无古今，法无新旧，苟行政执法者非通经约礼之士，则其弊有殊途而同归者，此文科与政治经济不宜分之证佐也。

【太炎引语】

北京大学特设词曲一目，学生有以不攻此科褫籍者，可谓迷于取舍矣。此当任私人善其事者自为教授，不当列之官校。若以为此文学之一支派，便不可遗，则自宋以迄晚清，皆以经义取士，虽抑之曰时文，然既以文视之矣，是亦当列之官校，强人诵习乎？一曰定官书。孔子言入国而知其教，自来国学所教授，必禀官书而禁歧说，所以端士风，定民志也。司马温公于哲宗时疏言神宗废诗赋，专用经义论策，此乃复先王之令典，百世不易之法，但王安石不当以一家私学令天下学官讲解耳。

告 青 年 学 子

说今日青年的弱点①

（1917 年 10 月至 1918 年 10 月）

现在青年第一个弱点，就是把事情太看容易，其结果不是侥幸，便是退却。因为大凡作一件事情，在起初的时候，很不容易区别——谁为杰出之士，必须历练许多困难，经过相当时间，然后才显得出谁为人才，其所造就，方才可靠。近来一般人士，皆把事情看得容易，亦有时机凑巧，居然侥幸成功。他们成功，既是侥幸得来，因之他们凡事皆想侥幸成功。但是天下事，那有许多侥幸呢？于是乎一遇困难，废然而返，则毁谤丛集——譬如辛亥革命诸人，多半未经历练，真才不易显出——诸君须知凡侥幸成功之事，便显不出谁是勇敢，谁是退却，因之杂乱无章，遂无首领之可言——假使当时革命能延期三年，清廷奋力抵抗，革命诸人，由那艰难困苦中历练出来，既无昔日之侥幸成功，何至于有今日之纷纷退却？又如孙中山之为人，私德尚好，就是把事情太看容易，实为他的最大弱点——现在青年若能将这个弱点痛改，遇事宜慎重，决机宜敏速，抱志既极坚确，观察又极明了，则无所谓侥幸退却，只有百折不回，以达吾人最终之目的而已。

现在青年第二个弱点，就是妄想凭借已成势力，就将自己原有之材能，皆一并牺牲，不能发展——譬如辛亥革命，大家皆利用袁世凯

---

① 原文载《太炎学说》上卷，1921 年四川印行。此篇文章系章太炎在四川演说之一。

1919年7月1日，由李大钊、王光祈发起组织的少年中国学会在北京成立。该学会的宗旨是"本科学的精神，为社会的活动，以创造少年中国"，要求会员恪守"奋斗、实践、坚忍、俭朴"的信条。总会设于北京，在上海、南京、成都及法国巴黎均设有分会，会员遍及国内许多省市以及欧美、南洋等地，影响较大。少年中国学会是五四运动时期会员最多、活动时间最长、影响深远的青年社团之一。它的活动对五四运动起到了重要的推进作用。图为少年中国学会会刊《少年中国》。

推翻清廷，后来大家都上了袁世凯的当——历次革命之利用陆荣廷、岑春煊，皆未得良好结果。若使革命诸人，听由自己的力量，一步一步的做去，旗帜鲜明，宗旨确定，未有不成功的。他们的少年中国学会，主张不利用已成势力，我是很赞成的。不过已成势力，无论大小，皆不宜利用，抱定宗旨，向前做去，自然志同道合的青年，一天多似一天，那力量就不小了！惟最要紧的，须要耐得过这寂寞日子，不要动那凭借势力的念头！

现在青年第三个弱点，就是虚慕文明。虚慕那物质上的文明，其弊是显而易见的；就是虚慕那人道主义，也是有害的。原来人类性质，凡是能坚忍的人，都是含有几分残忍性，不过他时常勉强抑制，不易显露出来，有时抑制不住，那残忍性质便和盘托出——譬如曾文正破九江的时候，杀了许多人，所杀者未必皆是洪、杨党人，那就是他的残忍性抑制不住的表示，也就是他除恶务尽的办法——这回欧洲大战，死了多少人，用了若干钱，直到德、奥屈服，然后停战。我们试想欧战四年中，死亡非不多，损失非不大，协约各国，为甚么不讲和呢？这就是欧美人做事澈底的表现，也就是除恶务尽的办法——现在中国是煦煦为仁的时代，既无所谓坚忍，亦无所谓残忍，当道者对于凶横蛮悍之督军，卖国殃民之官吏，无不包容之奖励之，决不妄杀一个，是即所谓人道主义。今后之青年做事皆宜澈底，不要虚慕那人道主义。

现在青年第四个弱点，就是好高骛远，在求学时代，都以将来之大政治家自命，并不踏踏实实去求学问。在少年时代，偶然说几句大话，将来偶然成功，那些执笔先生，就称他为少年有大志——譬如郑成功做了一篇《小子当洒扫应对进退》的八股，中有"汤武征诛，亦洒扫也；尧舜揖让，亦进退也；小子当之，有何不可"数语，不过偶然说几句大话而已，后人遂称为少年有大志——故现在青年之好高骛远，在青年自身，当然亟应痛改！即前辈中之好以"少年有大志"奖励青年者，亦当负咎。我想欧、美各国青年，在求学时代，必不如中国青年之好高骛远。大家如能踏踏实实去求学问，始足与各国青年相竞争于二十世纪时代也。

说职业^①

（1917 年 10 月至 1918 年 10 月）

　　不学稼者，仲尼之职业也，因是欲人之不为稼，可乎？勤四体分五谷者，荷蓧丈人之职业也，因是欲人人为稼，可乎？吏农陶冶，展转相资，必欲一人万能，执所不可。自政俗观之，九两六职，平等平等；自学术观之，诸科博士，平等平等，但于一科之中，则有高下耳。

---

① 原文载《太炎学说》上卷，1921 年四川印行。此篇文章系章太炎在四川演说之一。

国学会讲学通告^①

　　余主讲国学会，踵门来学之士亦云不少。本会专以开通智识、昌大国性为宗，与宗教绝对不能相混。其已入孔教会而复愿入本会者，须先脱离孔教会，庶免薰莸杂糅之病。

章炳麟白

（一九一三年十二月九日）

---

① 据《古史辨》第一册顾颉刚《自序》。

顾颉刚（1893—1980），江苏苏州人，著名历史学家、民俗学家，古史辨学派创始人，现代历史地理学和民俗学的开拓者、奠基人。 民国二年（1913）冬，章太炎在化石桥共和党本部（约在今北京西交民巷一带，原址不存）开国学会讲学。 当时顾颉刚、傅斯年等人为北京大学的预科生前去听讲，对他们影响极大。 顾颉刚在《古史辨》第一册《自序》中谈道："星期一至三讲文科的小学，星期四讲文科的文学，星期五讲史料，星期六讲玄学。 我从蒙学到大学，一向把教师瞧不上眼，所以上了一二百个教师的课，总没有一个能够完全摄住我的心神。 到这时听了太炎先生的演讲，觉得他的话既是渊博，又有系统，又有宗旨和批评，我从来没有碰见过这样的教师，我佩服极了。 ……我自愿实心实意地做他的学徒，从他的言论中认识学问的伟大。"并且他还录下此篇章太炎当时贴在讲堂墙上的《国学会告白》一文，尤为珍贵。 章氏这一时期的讲学，虽自称借文史自娱，实际上是针对当时袁世凯蓄意称帝、下令尊孔祭孔、扶植孔教会的文化逆流。 其间，他多次撰文驳斥孔教，又把反对孔教作为讲学的主要内容。 不幸的是，国学会开讲还未满一个月，章太炎就被袁世凯逮捕下狱。

示国学会诸生

迩者有人建立孔教，余尝为《驳议》一首，幸不为智士弃捐。彼昏不知，犹欲扬其余滓，定为国教，著之宪章，虽见排于议会，其盗言邪说未已，犹不得不拒塞之。盖中土素无国教，孔子亦本无教名，表章六经，所以传历史，自著《孝经》《论语》，所以开儒术，或言名教，或言教育，此皆与宗教不相及也。三仁异行而皆是，由、求进退而兼收，未尝特立一宗，以绳人物。是故异教之在中国，足以在宥兼容，所谓以无味和五味，以无声君五声者，更二千年而未有宗教战争之祸，斯非其效欤？其间有小小沾滞者，若汉武帝罢黜百家，尊崇孔氏，内多欲而外施仁义，至于民不乐生，王莽继之，其流益厉，所假借者，岂独孔子耶？并与元后而假借之，欲以禅让为名，卒无解于篡盗，匈奴之愚，犹不可欺也，徒令士民疾首，四海困穷而已。庄生云，圣人者，天下之利器。儒以《诗》《礼》发蒙，乃于此见其明验也，然仍世相称，皆以儒术为之题署，云儒教者无有也。及佛法被于东方，天师、五斗之术起，佛道以教得名，由是题别士人，号以儒教，其名实已不相称，犹未有题名孔教者也。

孔教之称，始妄人康有为，实今文经师之流毒。刘逢禄、宋翔凤之伦，号于通经致用，所谓《春秋》断狱、《禹贡》治河、三百五篇当谏书者，则彼之三宝已。大言诳世，故恶明文而好疑言，熹口说而忌传记，以古文《周礼》出于姬公，嫌儒术为周、孔通名，于是特题孔教，视宋儒道统之说弥以狭隘，其纰缪亦滋多矣。言《公羊》者，辄云孔子为万世制法，《春秋》非纪事之书。夫以宪章文、武，修辑历史者而谓之变乱事迹，起灭任意，则是视六经为道士天书，其祸过于秦之摧烧史记。推其用意，必以历史记载为不足信，社会习惯为不足循，然后可以吐言为经，口含天宪，近者于光复事状，既欲泯其实录矣。

夫其意岂诚在宗教耶？点窜《尧典》《舜典》以为美，涂改《清庙》《生民》以为文，至于冕旒郊天，龙衮备物，民国所必不当行者，亦可借名圣教，悍然言之。政教相揉，不平者必趋而入于天方、基督，四万万人家为雠敌，小则为义和团之争，大乃为十字军之战，祸延于百年，毒流于兆庶。昔康有为尝云，观革命党之用心，非四万万人去半不止。余尝亲为革命党，自知同类无是心也。若循此辈所为，宁将以半数之命殉其宗教而无所悔，涓涓不绝，成为江河，岂不哀哉！

又古者释奠释菜，礼本至薄，近世亦直岁时致祭而已。如昔三水徐勤之述其师说也，谓当大启孔庙，男女罗拜，祷祠求福，而为之宗主者，人人当舐足致礼，则是孔子者，乃洪钧老祖、黄莲圣母之变名，而主持孔教者，亦大师兄之异号耳。渎乱风纪，乃至于此，言孔教者亦尝戒心否矣。若其系于学术者，锢塞民智，犹其小者尔；大者乃在变乱成说，令人醒醉发狂。往者宋翔凤之说《论语》，好行小慧，已足以易人心意矣。近世如王闿运，则云墨家钜子即榘子，榘者十字架也。（按：榘形本曲，与十字之形迥异，闿运或未向匠人处视榘耶？）"有朋自远方来"，朋即凤，谓凤凰自远方来也。廖平则云"法语之言"，谓作法兰西语"君子之道斯为美"，谓俄罗斯一变至美利加；"吾犹及史之阙文也，有马者借人乘之"，知孔子以前皆并音字，马即号马，乘谓乘除也。如此之类，荒诞屈奇，殆若病寐。彼说耶苏，以为耶即是父，苏即死而复生，犹太名字尚可以汉语读之，况于国之经传文言，非略随情颠倒，亦安往而不可哉！循此诸说，则昔人以西方美人为佛者，固无足怪，今且可说为美利加人矣。苟反唇以相稽，虽谓孔丘即空虚，本无是人，而今之所传者，皆阳虎为之词，又何以难焉！以若所教，行若所学，非使学术泯绝，人人为狂夫方相不已。事已成而挫之，病已甚而疗之，则无及矣。

今为诸君说是者，以其寄名孔子，所托至尊，又时时以道德沦丧，借此拯救为说，足以委曲动人，顾不知其癞言荶行有若是者。夫欲存中国之学术者，百家具在，当分其余品，成其统绪，宏其疑昧，以易简御纷糅，足以日进不已。孔子本不专一家，亦何为牢执而不舍哉！欲救道德之沦丧者，典言高行，散在泉书，则而效之，躬行君子，亦足以为万民表仪矣。若以宗教导人，虽无他害，犹劝人作伪耳。况其因事生好，祸害如彼之甚也。若犹有观望者，请观陈焕章自谓在美洲学习孔教二十年，张勋以白徒拥兵，工于劫掠，而孔教会支部长，其言果足以质信，其人果有主教之资格耶？惧未有汉武之能、王莽之学，而窃比于厂公配享也。（一九一三年）

孔教会是辛亥革命后提倡尊孔读经、复辟清朝的社团。1912年10月7日，由康有为学生陈焕章等在上海发起成立，在全国设有若干分会，主要成员有劳乃宣、张勋等。次年2月，该会发行《孔教会杂志》作为机关刊物，9月在曲阜召开第一次全国孔教大会，举行大规模祀孔典礼。陈焕章任主任干事，决定迁总会于北京，在曲阜设孔教总会事务所。11月推康有为任总会长，张勋任名誉会长。1937年9月，国民党政府将曲阜孔教会总会改名为"孔学总会"。图为《孔教会杂志》创刊号封面。

国学会会刊宣言

（1933 年 1 月）

自清末迄今三十有余岁，校官失职，大经斁而贼民兴。其有秉德树惇，不失教本者，盖百不过四五。然犹为众所咻，无以流泽于世。奸言朋兴，覃及校外。察其利害，或不如绝学捐书为愈。余去岁游宛平，见其储藏之富，宫墙之美，赫然为中国冠弁。唯教师亦信有佳者，苦于薰莸杂糅，不可讨理。惜夫圣智之业，而为跖者资焉。或劝以学会正之，事绪未就，复改辙而南。深念扶微业、辅绝学之道，诚莫如学会便。

其秋，苏州有请讲学者，其地盖范文正、顾宁人之所生产也。今虽学不如古，士大夫犹循礼教，愈于他俗。及夫博学孱守之士，亦往往而见。怃然叹曰：仁贤之化，何其远哉？顾念文学微眇，或不足以振民志，宜更求其远者。昔范公始以名节厉俗，顾先生亦举"行己有耻"为士行准，此举国所宜取法，微独苏州！顾沐浴膏泽者，莫苏州先也。于是范以四经而表以二贤。四经者，谓《孝经》《大学》《儒行》《丧服》；二贤者，则范、顾二公。其他文献虽无所不说，要以是为其蒦。视夫壹意章句、忽于躬行者，盖有间矣。

讲浃月，将还海上，自恐衰老不能时诣苏州，又念论述古义，学者或不能得其本，效顾先生读经会制，以付与会者主之。其事甚质，而基莫固焉。是于他州或不能举，苏州则有能举之者也。后数月，诸子复定名曰"国学会"，以讨论儒术为主，取读经会隶之。时有所见，录为会刊。乌呼，斯会也，其于中国，犹大山之礨空而已，尚未得比于五季之睢阳、衰晋之凉州诸子也。持以弘毅，何遽不可以行远？凡事有作始甚微，其终甚钜者，仲尼云："人能弘道"，与会诸子，其勉之哉！民国二十二年一月，章炳麟。

与钱玄同谈国学讲习会

玄同仁弟足下：

廿一日接到手书并拙著十六部，自二十一年秋冬间经营创始，至今二稔而赢，始克就绪，虽历时稍久，然以视排印诸书，朝耕莫获者，必不同年而语矣。字体间有未正，如此已为难能。误字未及详校，初一浏览，略得其三，别纸疏录，聊以见端。

国学讲习会前二岁在苏州，本开春、秋二次，近亦随例开讲，或以随时演讲不成片段为病，因改定简章，期以二岁毕业，此事当于秋后举行，至能否成就人材，则今亦未能预计也。往时见大学诸师，辄讲经学、史学概论，弟子既未读经史，闻讲概论，亦如老妪听讲《法华经》耳。史既无暇卒读，经书稍简，讽诵非难，久欲仿亭林读经会为之，倡议三载，和者终鲜。今岁湘、粤诸校，皆有读经之议，人心稍转，此举亦遂如志。目前每星期讲演一次，课诵经文一次（皆曾诵经文者）。至秋后更当犷充之也。简章尚甚疏略，将来容有改定，今先寄去一通。弟子籍颇有夺漏，当令补录。目前康、廖门人亦尚有来此问业者，仆每抱常善教人，故无弃人之志，况今道术陵夷，此曹尚卷卷不肯舍去，与之共学可也。

足下所患恐由役心过锐所成，来书称摈却酒肉，卫养正当如是。然闻西医言，血压高证有自肾藏炎传致者，则鸡子亦不可食（彼所谓蛋白质）。若不由肾藏炎传致者，食之亦自无碍。唯血管硬化为垂老图为《国学会会刊宣言》手稿影印件（局部）。 章太炎晚年讲学，立意针对学校教育的种种弊端，端正学风，"扶微业，辅绝学"。 李根源与友人组织发起国学会，章太炎应邀列名会籍，并到苏州讲学。 后章太炎举家由沪迁苏，开办章氏国学讲习会。 1933 年《国学会会刊宣言》刊载后，"全国响应，各地学子，纷纷负笈来苏"，籍贯分布十九省，"东及扶桑，南暨越裳，华夏群贤毕至，锦帆路上，车马云屯"。 章太炎开讲之日，听者近五百人，济济一堂，连窗外走廊也挤满了人。 以后每逢太炎主讲，"诸生慕先生名，听课时无一缺席"。 章氏则"一茶一烟，端坐讲坛，清言，听者忘倦，历二三小时不辍"。 也有反对者说听讲者只有寥寥十几人，且听不懂章氏的"土话"，而章先生安然自在。

通病，既非药物可治，宜日服水果二三枚，久之血管自能柔软。仆前岁亦患头眩，医者教令食水果，两年以来未尝离口，今眩亦不作矣。书覆，即问起居清胜。緄斋、竟荃、幼渔均此。

炳麟顿

五月二十二日（一九三六年五月二十二日）

《制言》发刊宣言

今国学所以不振者三：一曰毗陵之学反对古文传记也；二曰南海康氏之徒以史书为帐簿也；三曰新学之徒以一切旧籍为不足观也。有是三者，祸几于秦皇焚书矣。其间颇有说老庄，理墨辨者，大抵口耳剽窃，不得其本。盖昔人之治诸子，皆先明群经史传，而后为之。今即异是，皮之不存，毛将焉附耶？其次或以笔记小说为功，此非遍治群书，及明于近代掌故者，固弗能为。今之言是者，岂徒于梦溪、鄱阳远不相及，如陆务观、岳倦翁辈，盖犹未能仿佛其一二也。此则言之未有益，不言未有损也。

余自民国二十一年返自旧都，知当世无可为，讲学吴中三年矣。始曰国学会，顷更冠以章氏之号，以地址有异，且所招集与会者，所从来亦不同也。言有不尽，更与同志作杂志以宣之，命曰《制言》，窃取曾子制言之义。先是集国学会时，余未尝别作文字。今为《制言》，稍以翼讲学之缺。曾子云："博学而孱守之。"博学则吾岂敢？孱守则庶几与诸子共勉焉。章炳麟。

《制言》，1934 年 7 月创刊于苏州，月刊，16 开本，上海制言月刊社编。 该刊原名《制言半月刊》，由苏州章氏国学讲习会编，1939 年第 48 期起改为月刊，并改由上海制言月刊社编，期数续前。 第 37、38 期又名《章氏国学讲习会学报》，主编章太炎。 1940 年终刊，共出版 86 期。 该刊设论著、札记、前贤遗著等栏目。 其宗旨是研究中国固有文化，造就国学人才。 图为《制言》半月刊"发刊宣言"手稿一页。

通告及门弟子

一①

果有匡时之志者，当思刘晔有言，昏世之君，不可黩近②，就有佳者，能听至言，十不过三四，量而后入，不可甚亲，乃得免于常絓。昔人与汉高、勾践处，功成便退。若遇中材，一事得就，便可退矣，毋冀功成也。入吾门者，宜视此。丙寅六月。（一九二六年）

二③

余讲学以来，几四十年，及门著籍，未易偻指，而彼此散处四方，音书辽绝，难收攻错之功。近余设教吴中，同学少年，佥以集会为请。余惟求声应气，前哲所同；会友辅仁，流风未替。况余衰耄，来日无几；岁时接席，岂可久疏？因拟草约四条，以为集会之原则。凡我同人，如以此议为然，希于五月一日以前开示最近住址，以便通讯，共商进行之宜。

章炳麟白

---

① 据《章太炎政论选集》。
② 按：《三国志·和洽传》和洽曰，"昏世之主，不可黩近，久而陷危"，此句典当出此，而误为刘晔之言。又，"黩"，原作"赎"，今即据《三国志》改。
③ 据《制言》第十三期。

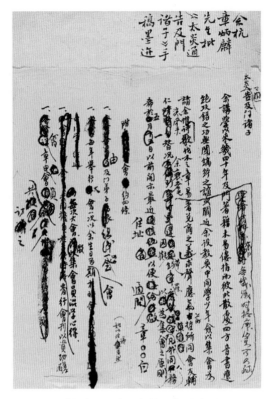

《章太炎通告及门诸子》手稿。

附会约四条：

一、由及门弟子组织一学会；

一、每年寒假、暑假各举行大会一次；

一、每次大会征集会员治学心得，发行会刊；

一、会章由会员共订之。

求 学 入 门

与钟正楙谈国学之基本^①

钟君尢又：

前由特生手授一函，以粗事缠缚，未报，昨莫复得手书，殷殷致意，且具疏前事以告。

仆虽寡昧，略识民族盛衰，学术蓄变，所望于友朋者，处为佚民，出为国士，学在求是，不以致用，用在亲民，不以干禄。搜逑索偶，虑亦有年，吾闻其语，未见其人也。今岁于粤得曾蹇，于蜀得足下，阍然尚絅，庶几如仆所心仪者。会在扰攘之中，蹩膝密谈未能也。今已谢公社事，专务历学，徙居小日向台町二丁目二十六番，署门曰"国学讲习会"，杂宾不至，从游者皆素心人（同居者有泸黄理君，特生之良友，亦仆所敬爱者也）。方念足下久未过我，今得手书，闿忻无量。

小学故训萌芽才二百年，专精者，莫若金坛段氏、高邮王氏、栖霞郝氏，其以披析《坟》《典》，若导大款。次即董理方言，令民葆爱旧贯，无忘故常，国虽苓落，必有与立。盖闻意大利之兴也，在习罗马古文，七八百岁而后建国，然则光复旧物，岂旦莫事哉？在使国性不磷，后人收其效耳。

历史舆地，亦使人怀旧之具也，迁、固、寿、晔而下至于宋祁《唐书》，文章之雅驯，制度之明察，人物之高亮，诵之令人感慕无

① 据《文史》第二辑，新建设编辑部 1963 年，此标题为编者所拟。

已。五季而下，史法芜薉，其典章亦无可观，要之戎夏交捽，祸生有胎，斯不可不留意也。若欲穷治史法，旁及九流，因以抗心皇古，则迁、固二家之书当与六艺并立。唐刘知几之《史通》、近代章学诚之《文史通义》亦并可泛览者也。舆地固浩博矣，域中山川阨塞最翔实者，则有《方舆纪要》；参伍古舆地书，则《水经注》其要也；欲知川渠脉络，则近人《水道提纲》其要也；欲知郡县时制，则《乾隆府厅州县志》其要也。虽然，古之言民族徙居事物原始者，莫逮《世本》，近人秦嘉谟曾有辑本，此亦怀古者所宜深考矣。

若夫周秦诸子，趣以张皇幽眇，明效物情，民德所以振起，国性所以高尚。道有庄生，儒有荀况；墨家谲觚，复出其外；及夫名家法家，各有专至；《吕览》《淮南》，时或摭取其说，其书多亡佚不传。魏徵《群书治要》，犹可窥崖略；钩深致远，斯在达者。然非覃精小学，则古籍无以理解，"郢书燕说"，其咎多矣。

故仆国学以《说文》《尔雅》为根极，音均不通，则假借无由明。近世言音均者，顾炎武《音学五书》分古音为十部，江永《古韵标准》分十三部（江书在《守山阁丛书》中），段玉裁《六书音均表》分十七部，三家以段为最密，然当博览顾书方得实据。孔广森分十八部，三家只知"旁转"，孔氏始明"对转"之例，故最精莫如孔氏。字母三十六，《等韵》诸书无可采，江永《四声切韵表》略近简明，陈澧《切韵考》依据《广韵》分四十一类，视三十六字母则近古，然于周秦两汉双声之恉，犹未谛审。钱大昕《潜研堂答问》尝论古无舌上音，皆作舌头，古无轻唇音只作重唇。仆又作《古音娘日二纽归泥说》《古双声说》，大抵今母三十六于古则二十一字纽于是定矣。然此皆为讨论古训穷其根株计也。

1918 年 5 月 24 日，章太炎离川东行、途经万县之时，曾应时任四川省立第四师范学校校长的钟正楙之请，专程至该校考察，并为学校题写校训。 他用篆文亲书《荀子·劝学》篇中"无冥冥之志者，无昭昭之功。 骐骥一跃，不能十步；驽马十驾，功在不舍"作为校训（上图为校训碑），又为学校礼堂题写了"树之表旗"的门额。

钟正楙（1886—1963），字稚琚，重庆永川人。 章太炎弟子。 留学日本，毕业于日本东京高等师范学校，参加同盟会。 1912 年回国后，任四川高等师范学校、四川省立第四师范学校校长，武昌高等师范学校国文史地部主任等职。 1928—1943 年，任华西协和大学国文研究所教授。 1944—1946 年，在南充任中学教员。 1947 年起，任四川省立教育学院、国立女子师范学院中文系教授。 1950 年，任西南师范学院中文系教授。

若乃随俗雅化，期使人粗知国学，则王氏《困学纪闻》（翁笺）、顾氏《日知录》、陈氏《东塾读书记》，典章学术，皆已粗陈梗概，其于戎狄乱华，尤致意焉（王氏言此最痛切）。是则普教士民之术也。

以上略为足下陈之。有意踵门，更容深语。仆近著《庄子解诂》，杂文亦编次略就，愿得足下观之也。书此敬问起居不具。

弟章炳麟顿首

十二月二十九日（一九〇九年一月二十日）

与人论读经书[①]

再得书，以读经事相质。蒙谓文史诸学与自然科学异，彼书少易记，此文多难记故也。学问之道，虽贵在考索，若无记诵以先之，虽百方证驳，常有得其一而遗十者。宋儒岂不务考索耶？顾所证往往非其证，所驳亦往往有不可驳者，迨后人取故书以相质，而其义忽以堕矣，则记诵不精为之也。其间如洪氏兄弟及王伯厚之伦，起家宏辞，而考索反不失者，以宏辞人记忆精审，不敢卤莽以卒其业尔。明人视宋又弥不逮。杨用修号为精博，及援引经史，则什而失三四；良知之徒又奚论焉？顾宁人先生亲睹其弊，故以车中默诵自课而外，有读经会之设；夜闻张稷若诵《仪礼》，搴裳奉手，唯恐不及，稷若亦卒成大儒。盖宁人所以启清儒户牖者，《音学五书》《日知录》为最著；然握其枢者，读经会也，非是，皮之不存，而毛焉所附乎？近代经学荒废，自中学以下，未尝通《论语》《孝经》。及入大学，乃以经学概论与之强聒，此与沙门上首为老妪讲《华严》何异？其间偶有达者，盖其家庭之教素可凭借耳。不然，虽高朗如颜氏子者，闻师言亦如乍听外国语矣。然所宜诵者，非独经也。四史、《通鉴》及前人别集之属，老生亦常有上口者，顾今日不暇给，且以读经为先尔。若夫记诵已精，考索或不能下一字，斯由天姿朴钝使然，要之，什中亦不过得一

---

① 据《制言》第二十一期。

二。书籤之诮，昔人固有之，然不以之废诵习也。借令得书籤如李善者，犹能笺释《文选》，使后人奉为典型，况才高于善者乎？自民国初小学废读经，今已几二十岁。学者或不知大禹、周公，故志失坠，不知其几。及今逆以挽之，犹愈于已。若因循不改，又二十年，吾知汉族之夷于马来也。书不尽意，唯达者察焉。

章炳麟白

三月二十五日（一九三六年）

中学国文书目^①

（1924 年 12 月）

引

余既为《救学弊论》，或言专务史学，亦恐主张太过。求为中学作国文书目，意取博泛，不专以史部为主，于是勉作斯目，顾终不以自夺前论。穷研六书，括囊九流，余素殚精于此，而前论皆以为不亟。盖乱世之学，不能与承平同贯也。是目但为中学引导，知者当识其旨趣。

目

凡习国文，贵在知本达用，发越志趣，空理不足矜，浮文不足尚也。中学诸生，年在成童以上，记诵之力方强，博学笃志，将从此始。若导以佻奇，则终身无就。今列应习书目如左，或诵或阅，或由教师选授。虽非旧术，以限于时序，有不得已而为之尔。

《尚书》孔传（选诵选讲）

孔本有伪古文经二十五篇，宜简去。其称孔，亦是托名，正当称

① 据《华国月刊》第二期第二册，1924 年 12 月出版。

枚传。今不用段、孙二家《尚书》者，以段只考正文字，孙编次古注，未有裁为故。

参考书：惠氏《古文尚书考》、刘氏《书序述闻》、胡氏《禹贡锥指》。

《诗》毛传郑笺（全诵全讲）

《诗》多与国政相系，不得以闾巷歌谣视之。郑笺稍短，而《诗谱》最要。

参考书：胡氏《毛诗后笺》。

《周礼》郑注（全诵全讲）

《周礼》为官制之原，历代不能出其范围，不限于封建郡县也。

《唐六典》《明会典》《清会典》编次之法，皆依《周礼》。杜及三郑注并精善，后儒不能加。

参考书：惠氏《礼说》、江氏《周礼疑义举要》、孙氏《周礼政要》。

《春秋左传》杜解（选诵选讲）

《左氏》详述行事，括囊大典，前代史志暗昧，至是始明征其辞。汉儒牵附《公羊》，动成违戾，故后代以杜解为正，本非蔑古。

参考书：杜氏《春秋释例》、顾氏《春秋大事表》。

右经部。唐时以九经并列，宋以来合《论语》《孝经》《尔雅》《孟子》则为十三。今只列《书》《诗》《周礼》《春秋左氏》者，以为经本古史之流，法制莫备于《周礼》，而《仪礼》《礼记》其细也。三古大事略具于《尚书》，东周以上《诗》亦以韵文补之。春秋大事莫备于《左氏》，而《公羊》《穀梁》不具也。若《论语》《孝经》《孟子》，则诸生多已诵习，不烦重举。《周易》则义旨渊深，不可猝解。《尔雅》则今与《说文》《广韵》同编。故此只取四经为主，观其经法行事，足以识古。犹惧义训奥密，篇第杂乱，事状深隐，故特存参考书以备讲习。然皆依于大体，不流于琐碎也。若夫今文古文之争，汉学非汉学之辨，此专志于经皆所有事，非学校教授所及也。

《史记》（选诵选讲）

《史记》为诸史之宗，文章虽美，而用在实录，勿以文人之见求之。

参考书：梁氏《史记志疑》。

《资治通鉴》选阅选讲

《通鉴》考定正史之误，且多补苴阙轶。故独为信史，非专以贯穿纪传为能。

《续通鉴》（选阅选讲）

此书不如《通鉴》甚远，然舍此亦无他书可代。

《明通鉴》（选阅选讲）

述明征抚东夷及明清和战事。亦有曲笔，大体可观。

清五朝《东华录》（蒋良骐，选阅选讲）

此书虽简略，以直笔不讳为美。清初事状，或有缘饰，则仍实录、方略之谬尔。

史部地理总参考书：顾氏《方舆纪要》、洪氏《乾隆府厅州县志》。

右史部。史之发人志趣，益人神智，其用实倍于经，非独多识往事而已。汉儒通经致用，中兴二十八将，则多习《左氏》。及昭烈课子，仲谋教吕蒙，始用《汉书》三史。自是通史致用遂为通则。人不习史，端者不过为乡里善人，庸者则务在衣食室家，而尚奇者或为乱政之魁。清末至今，其弊可见。大抵学校专趣口讲，则部帙广博者不便，非空言笼罩，则偏详皇古而略近代，舍实取虚，背明向暗，所谓好画鬼魅恶图犬马者矣。或取纪事本末为说，然年月阔略，须附纪传编年以行，事各为志，亦于当时利病相隔，终不可以为训也。今者趣重目治，得救口讲之弊，导原《史记》，以存三古周秦大略。其后则专以《通鉴》为主。唯清代未有专书，王氏《东华录》有文牍而无行事，且亦繁芜寡要，略涉忌讳，径与删除，尤为阿谀，故采蒋氏书备数。如此，尚得七百余卷。比于全史，虽止四分之一，中学犹不能尽习。其间亦有碎事无关得失者，故以选阅选讲约之。高才之士，亦不以此为限也。读史者不识郡县建置，如行棋无局，故以顾、洪二家为总参考书。

《老子》王弼注（全阅略讲）

《老子》本内圣外王之书，切弗比附羽流，致成迷罔。王注以上，韩非《解老》《喻老》最善。其河上公注出于伪托，不足观也。

《庄子》郭象注（选阅略讲，亦可选诵）

《天下》篇为《庄子》自序，依此可得指归。

《荀子》杨𤨏注（选阅略讲，亦可选诵）

《荀子》体大虑周，与《孟子》立异。古者道统之说未兴，自汉至唐，孟、荀二子同称大儒。宋以来渐被排摈，此执一之误。

《韩非子》（选阅略讲，亦可选诵）

韩非有法有术，近人径以刀笔吏为习申韩，大谬。

《吕氏春秋》高诱注（选阅略讲，亦可选诵）

《吕氏》本杂家，凡周秦诸子之说，今已无存者，可借此窥其一二。

《中论》（选阅略讲，亦可选诵）

《中论》述朋党之弊，足为近时鉴戒。《申鉴》亦相似，或谓徐伟长以此阿附魏武。然《抱朴》外篇亦有是论，异世同声，又何所阿附也？

《申鉴》（选阅选讲，亦可选诵）

《颜氏家训》（选阅选讲）

《家训》质实平易，不为高谈，针砭末俗，至今可用，惟涉及阶级者宜省。

《文中子》（选阅选讲）

《文中子》虽伪书，然评事多当。且亦其子孙所托，非绝无绪言。

《二程遗书》（选阅选讲）

明道疏通，伊川锢蔽。此陆子静之言也。观《遗书》当取其高明光大之论为主，若后人所讥支离之病，此则朱学有之，伊川无是也。

《王文成公全书》《传习录》《文录》等（选阅选讲）

王、湛同称，湛之学本陈公甫，聪明阔达。陈或过王，其书多诗，明白论学者颇少，故今但取王氏。

《颜氏学记》（选阅选讲）

颜氏一派，趣重实事，兼有侠风，实与温公之学同源而稍壮烈矣，乱世尤不可阙。

右子部。诸子非纯粹哲学，大抵可行于身，可施于国，与张皇幽眇、空理取胜者大殊。管、墨二子，文义艰深，转写多误，不便初学。《淮南》文艳而用寡，《法言》语短而理诎，故并置之。自宋而后，理学分途，不胜列举。然《通书》《正蒙》之流，辞过渊奥。朱、陆同异之辨，无益于人。故上取二程，下取文成为主。《颜氏学记》与宋明理学异趣，要其所归，则《周官》德行、道艺之事，合于古之儒术，故亦录焉。修身应物，终以理学为要，此诸家者，亦不堕入迂滞也。

《古文辞类纂》（选诵选讲）

姚氏是选，裁别过严。然自南宋至明中叶，文近制举者，悉与屏除，此可见文章义法矣。若数典、记事、谈理三件，非此所能尽。

《续古文辞类纂》（王氏，选诵选讲）

《古诗源》（选诵选讲）

《古诗纪》太繁，近人《八代诗选》犹患其多，兹取《古诗源》，以其简而有法。

《唐诗别裁》（选诵选讲）

诗体至唐已备，故不及宋明，别裁亦不失雅正。

右集部。陈说事义，非文不宣；抒写情性，非诗不达。然中学诸生，方务为学，此则未暇。究之经史诸子，文皆闳美，善文者本不赖于集部，惟由是知其体式尔。诗则自有别才别趣，苟非其人，虽习亦无效，今于别集悉置不录。总集如《文选》，亦不宜于始学。只取四种，使知辞尚体要，诗归正则则止矣。且玩春华而忽秋实，本学者之大戒。唐李德裕谓其家不蓄《文选》，恶其浮华。语虽过激，于今日则正为针砭。若夫俚歌鄙语，挥霍立就，则无足置论矣。文史诸书，如《史通》《文史通义》等，今亦不采者，所求乎学子在其深造以致远，不欲其语高而长傲也。

《说文句读》（全阅全讲）

王氏是书，简要易知，改窜文字太甚，得大小徐旧本可校。

《说文解字注》（参阅间讲）

段氏书精求音韵训诂，然后知《说文》非《九经字样》之流，草创方始，过误自所不免，不足以伤其大体也。其改窜文字太甚，得大小徐旧本可校。

《尔雅义疏》（参阅间讲）

郝氏书胜于邵二云，视王氏《广雅疏证》则犹未逮。然广陈五雅，为专治训诂者事。今《尔雅》尚备参阅，不能及其余也。

《广韵》（参阅）

《广韵》本辨音之书。唐宋功令，作诗许通用。清《佩文韵》即其遗也。功令既废，自宜以《广韵》为主，且考迹古音，非《广韵》无以窥门径。以此事尚非中学所亟，故只录《广韵》。

《经传释词》（参阅间讲）

右文字训诂音韵之书，古所谓小学也。研精此事，非十年不为功。然不识其原，于旧籍必多窒碍。读书而不识字，识字而不能举其正音，是冥行索暗而已。今存此五种。

《世说新语》（参阅间讲）

魏晋间精言眇论多在此书。若专取机锋，流入轻佻，则负作者之心，且亦自误。

《梦溪笔谈》（参阅间讲）

《困学纪闻》翁注（选阅选讲）

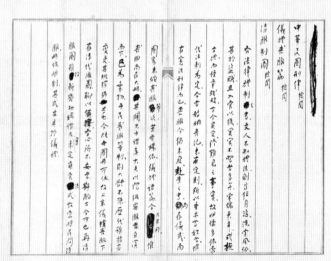

图为章太炎《中学国文书目》手稿（部分）。

《日知录》黄释（选阅选讲）

顾氏书有被清人改削处，如称明不称我朝是也。藩镇诸条，开端言明代之患大略与宋同，绝不举其事迹，其被删可知。

《十驾斋养新录》（参阅间讲）

右诸书本诸子类。所谓儒家、杂家、小说家之书也。《纪闻》以下，包罗深广，读诸书者，咸有取资。而《日知录》独举大体，其《世说》则多存名理，《笔谈》则兼综艺事。非诸说部所拟，是以分出诸种于子部外，为学者博其趣尔。

《中华民国宪法》（全阅）

此书西南诸省未认，然将来修改，恐亦不能逾此。

《中华民国刑律》（检阅）

《仪礼·丧服》篇（检阅）

《清服制图》（检阅）

右法律礼制之书。文人不知礼法，则昌狂自恣，流害风俗，甚于盗贼。且入官以后，冥冥不习者多矣。宋儒束身，或撼古礼，而条章残缺，古今异宜，终难见之事实，故明儒多依当代法制为定。今者婚姻丧纪，未有定则，所以垂示百姓者，惟有宪法、刑律而已。丧服今犹未废。赴告之书，尚存仪式。而国家未颁丧服等次，苦无据依。

《仪礼》诸篇，今久不用，惟《丧服》尚存大略，其间天子、诸侯、大夫以阶级异服者，自汉而下，已为弃物。平民丧服等制，则大体不殊，历代稍有变更，其规模犹昔也。今既无国典可依，故上采《仪礼·丧服》，下存清代服图。虽沿斩、齐、功、缌诸名，实未定衰裳法式，故当时民间持服，略依明制，其式亦具于《仪礼》。

中学读经分年日程[①]

（1936 年 3 月 25 日）

每年以实足二百四十日计，每半年以实足一百二十日计。

初中前一年半，每日读一百字，计三万六千字。

《论语》。一万六千字。

《孝经》。一千七百字。

《孟子》。选读其半，一万六千余字。

初中后一年半，每日读一百五十字，计五万四千字。

《少仪》《学记》《大学》《儒行》。约七千余字。

《尧典》《禹贡》《甘誓》《汤誓》《牧誓》《无逸》《顾命》《费誓》《秦誓》。约一万一千字。

《诗经》。约三万四千字。

高中前一年半，每日读二百字，计七万二千字。

《周礼》。除《序官》，约四万二千字。

《丧服》。约五千字。

《左传》。选读，一万五千字。

高中后一年半，每日读二百五十字，计十万八千字。

《左传》。选读，十万八千字。

---

①　据《制言》第二十四期。

右凡经传中诘屈难读者，玄奥难解者，不合历史者，悉已汰去，并省重赘非要之科目，使之读经，但令略解大义，讽诵上口，亦自绰然有余。然后升入大学，为讲汉、唐及清儒经说，不患无从入之路。

至于删落经文，事近割裂，然《群书治要》已有此例，今虽删落过半，然未尝破析篇章，犹胜于《治要》也。

《重订三字经》题辞^①

《三字经》者，世传王伯厚^②所作。其叙历代废兴，本迄于宋，自辽、金以下，则明、清人所续也。其书先举方名事类，次及经史诸

章太炎《重订三字经题辞》手稿。

①　此《题辞》曾单独发表于《制言》第六十二期。

②　王伯厚：即王应麟（1223—1296），字伯厚，庆元府鄞县（今浙江宁波）人，南宋著名学者，著有《困学纪闻》《玉海》等。相传《三字经》为王应麟所著，由于通俗易懂、朗朗上口，因而流行数百年，明清两代续有补订。

子，所以启导蒙稚者略备。观其分别部居，不相杂厕，以校梁人①所集《千字文》，②虽字有重复，辞无藻采，其启人知识过之，即《急就章》与《凡将篇》之比矣③。余观今学校诸生，几并五经题名、④历朝次第而不能举，而大学生有不知周公⑤者，乃欲其通经义、知史法，其犹使眇者视、跛者履也欤？今欲重理旧学，⑥使人人诵《诗》《书》，窥纪传，吾之力有弗能已！若所以诏小子者，则今之教科书固弗如《三字经》远甚也。间常举以语人，渐有信者。然诸所举人事部类，其切者犹有未具，明清人所增尤鄙。于是重为修订，所增入者三之一，更定者亦百之三四，以付家塾，使知昔儒所作非苟而已也。

中华民国十七年季春之月　章炳麟

---

①　梁人：即南朝梁人周兴嗣（？—521），字思纂，祖籍陈郡项县（今河南沈丘），世居姑孰（今安徽当涂）。传说梁武帝曾让人从王羲之遗墨中选取一千个字，命周兴嗣编为韵文，这就是流行千古的《千字文》。

②　"《千字文》"，《制言》第六十二期作"《千文》"。

③　《急就章》也叫《急救篇》，西汉史游编写，与司马相如的《凡将篇》都是古代儿童识字的启蒙书。

④　"几"，《制言》作"或"。

⑤　周公：周武王之弟姬旦，西周初年著名的政治家、军事家，创立了周朝的典章制度。

⑥　"旧学"，《制言》作"旧常"。

图书在版编目(CIP)数据

章太炎谈教育与求学/张九思编.—上海:上海
人民出版社,2023
(章太炎讲述系列)
ISBN 978-7-208-18689-7

Ⅰ.①章… Ⅱ.①张… Ⅲ.①章太炎(1869-1936)
-教育思想-研究 Ⅳ.①G40-092.5

中国国家版本馆 CIP 数据核字(2023)第 248255 号

责任编辑 高笑红
封面设计 赤 徉

章太炎讲述系列

章太炎谈教育与求学
张九思 编

出 版 上海人民出版社
 (201101 上海市闵行区号景路 159 弄 C 座)
发 行 上海人民出版社发行中心
印 刷 浙江新华数码印务有限公司
开 本 889×1194 1/32
印 张 6.75
插 页 2
字 数 147,000
版 次 2023 年 12 月第 1 版
印 次 2023 年 12 月第 1 次印刷
ISBN 978-7-208-18689-7/G·2176
定 价 58.00 元